# はじめに

私は児童精神科医として、約45年にわたって多くの子どもや親と出会ってきました。いうまでもなく児童精神科は子どもの心の病気の治療にたずさわる診療科ですが、広く子どもや家族の健康と精神保健活動にもかかわっています。そのような活動の中で、子どもが学校への参加をしぶり、家にとどまろうとする「不登校」の親子にかかわることは、私にとって大切な臨床活動のひとつです。

不登校となると、表にあらわすかどうかにかかわりなく、どの子もとても不安で焦っており、元気を失い、罪悪感を抱え、そして例外なくどこか腹を立てています。同じように焦った親の言葉や登校の促しにも、学校の先生の言葉かけにも心を閉ざします。そして、少しずつ親に幼児のように甘えはじめますが、同時に親の言葉や態度に苛立って、乱暴な言葉を発したりすることもよく見られます。親は子どもが不登校になると、いったい何が起きているのかと驚き困惑することがよく見られます。

幼稚園の不登園や小学校低学年の子どもの不登校は、親や家から離れることへの不安が原因ではじまることが多いと思われます。しかし、小学校高学年の子どもから中学生や高校生、いわゆる思春期の子どもの不登校は、それとはちがう原因があると私は考えています。思春期は親から心理的に分離し、自分らしい主体性を持った大人になろうと「自分探し」をし、「自分づくり」に取り組む年代とされています。しかも、それを10歳過ぎというまだまだ経験不足で実力不足な状態で取り組みはじめるのです。

思春期の子どもは、外の世界の支えである友人関係や学校での活動に入れ込み、そのパワーで親離れ（主に母親離れ）をしようとしますが、それはいつも失敗と背中合わせです。また、失敗や恥をかくことにとても敏感です。それは外の世界の支えを失うまいと必死にがんばっているからこその過敏さです。だからささいな失敗で自信を失い、不安になって、離れたいはずの親に近づき甘えることで安心しようとします。いわばこうした外の世界への入れこみと、親への甘えの間を行き来することで思春期の子どもは心のバランスを保っているのです。

そして、思春期の特徴として、自分を過大に評価しようとする「自己愛」という心の機能が人生の中で最も膨らんでいる年代であるということを忘れるわけにはいきません。それは、現実には経験不足で実力不足な思春期の子どもが親離れを進行させていくために、どうしても必要な心なのです。「僕は平気」「私はできる」という気持ちで、自分を励まし、支える力が自己愛にはあるからです。

しかし、自己愛は傷つくとますます膨らみ、傷つくことを恐れ、外の世界との接触を避けようとする気持ちを強めるのです。つまり、これ以上傷つくことから自分を守ろうというわけです。このような気持ちを抱えながら、一度は親にくっついて家にいたいと思っても、次の日には元気になり、親がうるさく感じはじめて学校にいくというう、小さな挫折とそれを克服することを思春期にはたくさん経験し、そうやって子どもの中で「自分」はできあがっていくのです。

しかし、ときにそんな心の回復を邪魔するような深刻な出来事が外の世界にも家庭にも起こることがあります。そのとき子どもは外の世界と家の間を行き来する心の往復運動を続けられず、親の元から離れられなくなるのです。それが不登校のはじまりです。不登校を考える際に避けては通れないのが、不登校のはじまる前後で子どもの心に高まる強い不安、気分の落ち込み、自己否定、罪悪感、劣等感、そして怒りといった感情が、ときとして精神疾患の域に達していることがあるということです。

また、社会的な機能の基盤である対人的コミュニケーションが生まれつき苦手だったり、注意の集中が難しかったり、衝動性が高かったりなどの特性を持つ発達障害（精神医学ではこれも精神疾患に含めています）が不登校の背景にある場合もあります。

不登校の子どもにこうした精神疾患や発達障害がみられないか注意深く見守り、適切な支援や治療を組み立てることもまた不登校の支援として大切だと思います。

大人が焦らず、学校復帰だけがゴールだと思わずに、広い視野で子どもの心を支え、育むことを目指そうとする際に必要な心得を本書でお伝えしたいと思っています。

本書が不登校の子どもを理解し、寄り添い、支えたいと願う読者の皆様の希望の灯《ともしび》といささかでもなることができましたら幸いです。

齊藤万比古

相談
しばらく充電
1つすすむ
1回休み
受診
学校に行きたくない
1つすすむ
START
不登校のはじまり

自分らしい生き方
GOAL
2つすすむ
2つすすむ
外出してみる
居場所の確保
1回休み
将来への希望
支援

CONTENTS

# 第3章 不登校中の子どもの心と生活

## 第5章 不登校の子に家族ができること



## 第6章 学校や社会とのつながりと適切な支援

# 第1章

# 不登校とは

## ～子どもが学校にいけなくなるまで～

子どもが「学校にいきたくない」と言い出したら、多くの親は焦りや不安に駆られ、子どもが学校にいかない理由を追究し、無理にでも学校にいかせたくなるものです。子どもの気持ちを理解できない自分を責めてしまう方もいるかもしれません。身近に相談できる相手がおらず、家庭内で悩みを抱え込み、苦しい思いをしておられる方もいるでしょう。

子どもが不登校になったとき、大切なことは「不登校」について知ること、そして、今の状況をできるだけ冷静に受け止め、子どもの状態に寄り添うことです。

学校にいけなくなった子どもを理解し、寄り添い、支えるために、まず第1章では、文部科学省などで公表している不登校の定義や不登校に関するデータを参考にしながら、不登校とは何か、不登校になる子どもたちに何が起きているのか、どんな子どもでも不登校になる可能性があること……などについて説明します。

ここでは、不登校のはじまりから再び社会生活に参加するまでの流れを4つの段階に分けて解説します。学校にいけなくなる兆候、家での様子、不登校を乗り越えるまでの道のりや時間、そして不登校の「ゴール」とは――？　学校にいけない子どもの状態を理解するヒントにしていただければと思います。

## 不登校は増え続けている

「不登校」とは、学校もしくは登校することに対して、恐れ、拒否感、罪悪感、怒りなどの感情や葛藤を持ちながら欠席状態を続けることで、学校生活に参加できず、長期間、家庭内にとどまっている状態のことです。

文部科学省が令和5年10月に発表した『令和4年度 児童生徒の問題行動・不登校等生徒指導上の諸課題に関する調査結果』によると、不登校の子どもの数は、小学生の100人に約2人、中学生の100人に約6人にあたり、小中学校における不登校児童生徒数は29万9048人で、前年度から5万4108人も増加し、過去最多となりました。

不登校は、小学校半ばまでの幼い年代ではそれほど多くはなく、小学4年生ぐらいからゆっくりと増加しはじめ、爆発的に増えるのが中学校入学後だといわれています。

文部科学省の調査によると、小学生の不登校の出現率は全国平均で1～2%、中学生で5〜6％と、令和に入って小中学生ともに増加してきています。中学生になると、1クラスに2人ぐらい不登校の子どもがいると考えていいでしょう。

文部科学省は不登校を次のように定義しています。

何らかの心理的、情緒的、身体的あるいは、社会的要因・背景により、登校しないあるいはしたくともできない状況にあるために年間30日以上欠席した者のうち、病気や経済的な理由による者を除いたもの。

また、『児童生徒の問題行動・不登校等生徒指導上の諸課題に関する調査―用語の解説』の中では次のような具体例を挙げています。

- 友人関係または教職員との関係に課題を抱えているため登校しない（できない）。
- 遊ぶためや非行グループに入っていることなどのため登校しない。
- 無気力でなんとなく登校しない。迎えに行ったり強く催促したりすると登校するが長続きしない。

## 小学校では100人に約2人

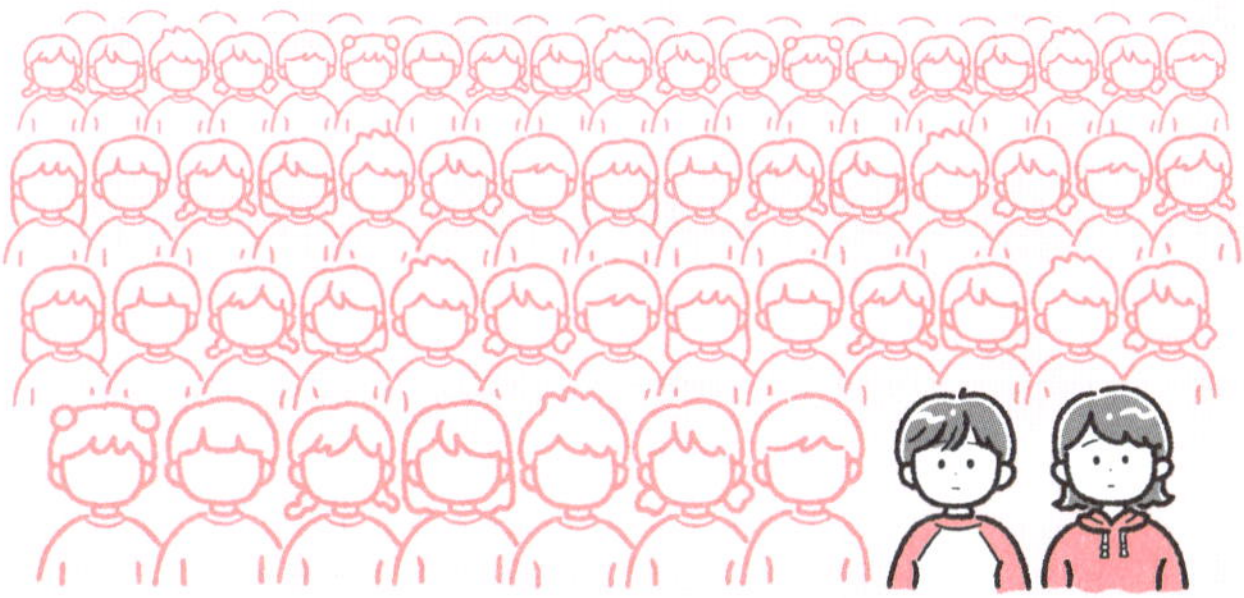

## 中学校では100人に約6人

● 登校の意志はあるが身体の不調を訴え登校できない。漠然とした不安を訴え登校しないなど、不安を理由に登校しない（できない）。

ここで「しない（できない）」という表現が使われていることからもわかるように、これは学校から見た不登校の子どもの姿です。一見、学校に関心がないような姿を見せている子どもであっても、その心のうちではきっと「学校へいかなくてはいけない。でも、いくのはつらい」という葛藤に揺れているはずです。

不登校は、30年ほど前までは「登校拒否」と呼ばれ、激しい葛藤をともなった欠席状態のことでした。そして、登校だけでなく、社会生活そのものに参加しない傾向が強いことが特徴でした。家庭にいても、多くの子どもが幼児返り、不安、焦燥感、自殺願望、憤《いきどお》りなど、激しい感情をあらわにする時期があるともいわれていました。

今は「登校拒否」ではなく「不登校」と呼ぶのが一般的です。

現在の不登校の子どもは、激しい感情をあらわさずに家庭にいる状態のケースも多いといいます。それは、現在の「不登校に対する考え方」が以前よりも寛容になった

ことが関係していると考えられます。

つまり、周囲の人が、不登校になった子どもを受け入れ、見守ろうという姿勢を見せるようになったため、子どもが以前のような激しい感情を表面に出さずに済んでいるということです。

そうはいっても、現代の子どもたちも、登校を迫られたりすると、たちまち心を閉ざして部屋に閉じこもることは以前と変わらず、心の中ではつらい気持ちが強いことに変わりありません。

## 不登校のはじまりから乗り越えるまでの4ステップ

「なぜうちの子が不登校になってしまったのか」

「いつになったら学校にいけるようになるだろう」

本書を手にした多くの方がこのように感じているでしょう。

学校を長期欠席する原因は、受験、いじめ、成績不振、ケンカなど、さまざまです。

しかし、特定の出来事だけが原因ではなく、それらはキッカケのひとつにすぎません。本人の性格、家庭環境、学校や友人関係などが複雑にかかわっているのです。

しかし、性格や家庭環境を指摘して、子どもを追いつめても状況は改善しません。また、親の関心が「登校」だけに集中すると、かえって事態が悪化していくことが多いようです。

登校するかしないかではなく、子ども自身を受け入れる姿勢が大切です。登校できない理由を問いただす姿勢は、子どもを追いつめることになると承知しましょう。

ここでは、不登校のはじまりから、不登校を乗り越えるまでを4つの段階に分けて解説します。そうすることで、親が子どもの不登校を俯瞰的に捉えることができるようになります。また、子どもが、今、どの段階にいるかを考え、把握しておくと、手助けをするときに役に立ちます。

子どもが学校にいけなくなるまでに、一体何が起きていたのでしょうか。

また、学校にいけなくなってから、ふたたび登校できるようになったり、社会生活に参加できるようになったりするまでには、どのようなステップを経るのでしょうか。ひとつずつ見ていきましょう。

## ❶不登校の「兆候段階」

不登校が本格的にはじまる前の「兆候段階」について考えます。

兆候段階では、本人の内面でさまざまなつらい葛藤があります。

本人の内面のつらい葛藤を外部に知らせるサインとして、頭痛、腹痛、だるいなどの身体症状を訴える、不安や緊張が高まって落ち着かない、ということが起こります。また、気分が落ち込み、なにもする気になれない抑《よく》うつ気分も、内面のつらい葛藤を知らせるサインだといえます。

この段階は、まだ不登校がはじまったわけではないので、周囲の人が気づかないことが多いと思います。いじめが関わっていたら、信頼できる人に現状の悩みを相談したり、適切な支援

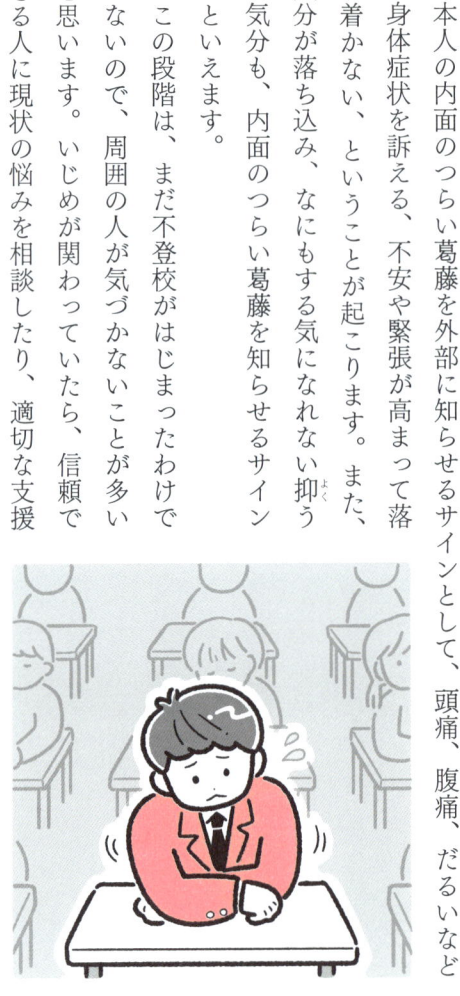

を受けたりすることで、不登校に至らずに落ち着くこともあるでしょう。

兆候段階で不登校を想定するのは、とても難しいことですが、短期間でもこのような兆候段階を経てから不登校になると考えられています。ですから、家族や周囲の人が、子どもの変化や葛藤を知らせるサインに気づいたら、子どもに注目し、おだやかに声をかけ、話を聞く姿勢を示しましょう。

## ❷不登校の「開始段階」

不登校の「開始段階」は、いよいよ連続して登校しなくなる時期です。

子どもの心には、しばしば激しい葛藤が起こり、不安や焦り、イライラなどの情緒的な動揺や気分の落ち込みが目立つようになります。

幼児のように親にしがみついて甘えたり、そうかと思うと手のひらを返したように暴力的な言動を示したり、それまでにはない不安定な精神状態が目立つようになります。

この時期は、学校を休んでいることへの罪悪感があらわれますが、それを表面にあらわさないこともあります。また、小中学生は気持ちの動揺が表にあらわれやすいのですが、高校生以上になると内面では似たような葛藤があっても、表面的にはそうした状態は目立ちません。

不登校がはじまるとき、それは兆候段階に続いて起きているのですが、親にとってはいつでも「突然の出来事」と感じるものです。親はまず自分の気持ちを冷静に保つために、担任の教師やスクールカウンセラーと話し合いましょう。また、夫婦で話し合うことも大切です。

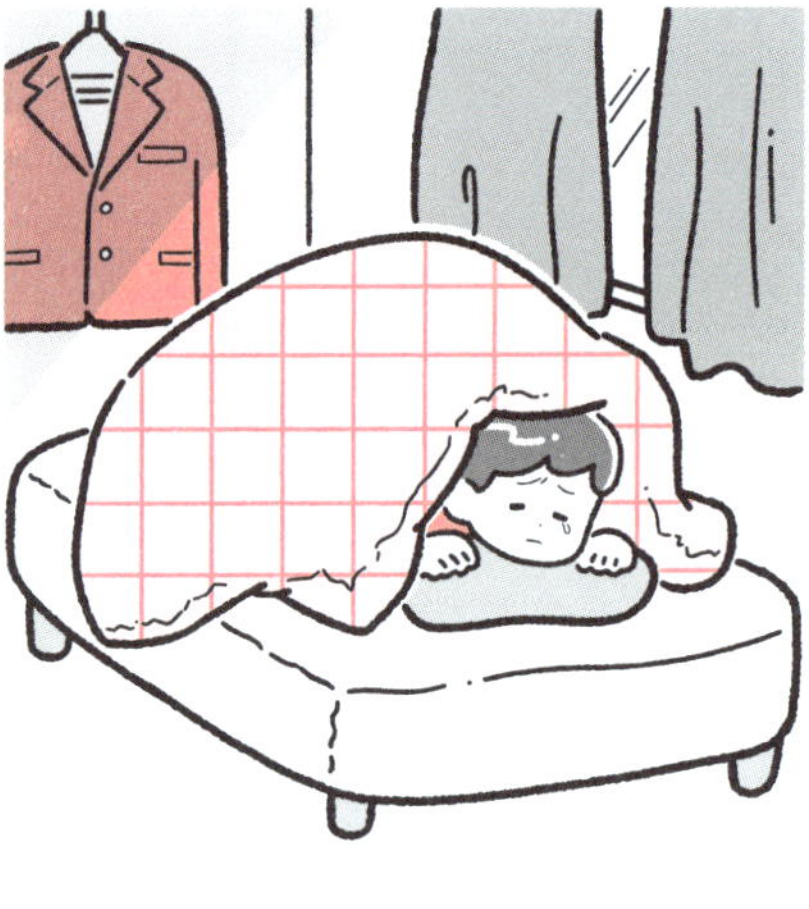

なお、子どもが体の不調を訴える場合、本当に体の病気かもしれません。医師の診察を受けることも必要です。体の不調については第2章で解説します。

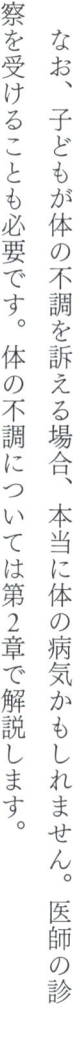

## ❸不登校の「継続段階」

不登校の「継続段階」は、精神的な不安定さがおさまり、不登校に腹をすえたように見える時期です。

継続段階では、開始段階のような精神的な不安定さはおさまります。子どもも家族も不登校の状態に慣れてきて、腹をすえたように見える時期だといえるでしょう。家族や周囲の人から、登校を促されたりしなければ、子どもはおだやかな日常を送っていると考えられます。

しかし、外に出るということには強い恐れを抱いています。また、社会的な活動に参加させようとすると、強い拒否感を示すこともあります。一方で、夜になるとコンビニへひとりで買

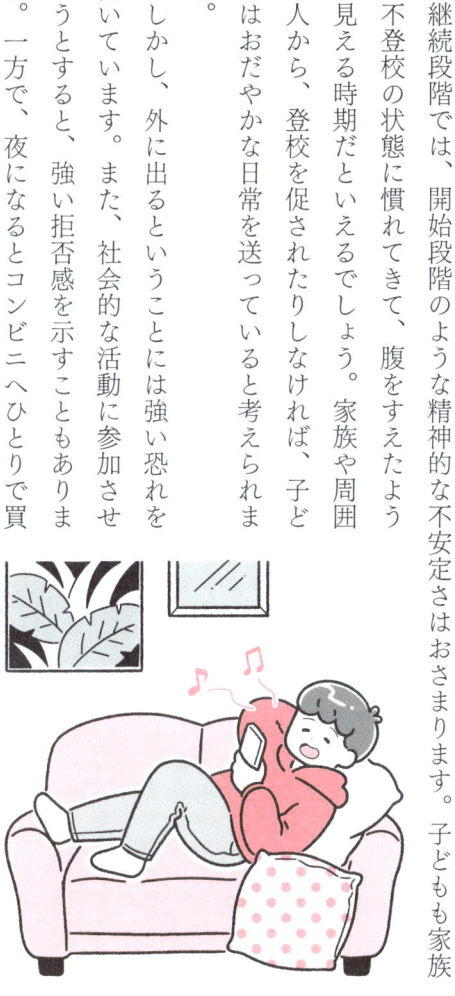

い物にいく、親の運転する車でほしいものを買いに出かけるなど、少しずつ社会との接触を再開することもあります。

一日中、ゲームやＳＮＳと向き合っている子どももいます。親から見ると困った行動ですが、子どもにとっては社会とのつながりにもなっているので、頭ごなしに否定しないことが大切です。

落ち着いた生活が送れるようになる子どもがいる一方、幼児のように親（主に母親）にしがみつき、過大な要求をする子どももいます。要求がこばまれると暴力的な言動をしたり、不安、抑うつ、強迫などがあらわれたりすることもあります。それらについては、子どもが不登校の状態から回復に向けて取り組み、強い葛藤を抱いているのだと理解するといいでしょう。

この時期の子どもは、それぞれのタイミングで社会情勢や社会生活への関心を示しはじめます。その関心が徐々に大きくなって、実際に外の世界に目が向くようになると、回復に向けた社会との「再会段階」に入っていきます。

## ❹社会との「再会段階」

少しずつ学校や社会との接点を求めるようになるのが「再会段階」です。「再会」と表記しているのは、学校や社会、あるいは友人や知人と「再会する」という意味を込めているためです。

しかし、ここでも親や教師が「強い態度で登校を促す」「無理に社会とつなげようとする」といった動きをするのは逆効果です。

忘れてはいけないのは、不登校の開始段階から、社会生活に参加できるようになるまでに、どのくらいの時間が必要なのかは、子どもによってちがうということです。すぐに社会との再会段階の活動に入れる子どももいれば、不登校の継続段階に逆戻りしてしまう子どももいるの

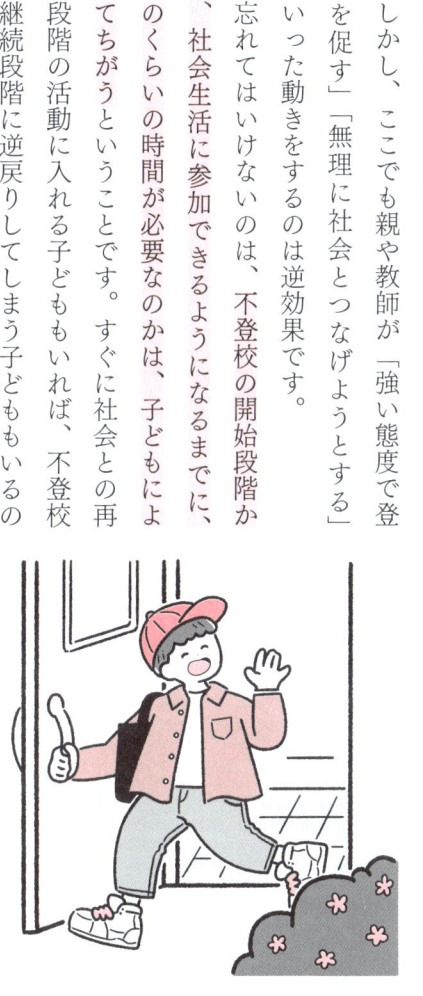

です。

ですから、まずは子どもが今、どの段階にあるか、その段階によって支援方法を変えていく工夫が必要とされます。

次に、不登校の子どもは、学校を欠席することへの罪悪感や社会参加を恐れる強い葛藤を持っています。そして、不登校になったことで自分に自信が持てなくなっているので、それらについての対策が必要となります。子どもが家庭にひきこもっているうちに、不登校になった原因を少しずつ取り除き、心の中の罪悪感や葛藤が自然と消えるようにする――そのような支援をしていくことが重要です。そして、子どもが自信を取り戻すことができれば、学校や社会へ参加する意思を持てるようになるはずです。

そのためには、子どもに一日のスケジュールを自己決定させ、「自分の意思で活動することができた」という自信をつけさせていくことが大切です。

不登校の子どものうち7割は将来普通の社会生活を送れるようになり、2割は不安定ながら社会生活に参加できるようになります。子どもには、上昇気流に乗るタイミングが必ずあります。そのときを見逃さず、家族や周囲の人がサポートしてあげましょう。

## 子どもは母親に依存しやすくなる

第5章で詳述しますが、不登校になると、子どもは親に依存しやすくなります。とりわけ母親には幼児返りともいえるような甘えた行動をとるようになったり、逆に攻撃的な態度を示したりすることがあります。現代は多様な家族構成がありますし、ジェンダーロール※にとらわれない家族観で子育てをしている夫婦が多くいらっしゃるでしょう。それでもやはり、子どもは「母親に」依存しやすくなる傾向にあることも事実です。そのため、本書ではたびたび「親（主に母親）」と記述しています。

個々の家庭により状況はさまざまですが、これが典型的な傾向だと知っておくと、いざそうなったときに親の戸惑いは緩和され、夫婦での連携もとりやすくなるでしょう。そのときどきの子どもの心と行動を受け止め、向き合ってもらえればと思います。

※性別によって社会的または文化的に役割が期待されること。

# 乗り越えるまでの道のりは年齢によって異なる

小学校の不登校の中には、比較的乗り越えるのが早い場合もあります。

クラス替えや進級、入学の時期などで人間関係に変化があると、それをきっかけに立ち直れるケースもあります。年齢が低いと家族や教師からの思いやりのある言葉に反応しやすく、不登校を乗り越えるのが早いともいえます。

しかし、中高校生の年齢になると、学校や教師からの働きかけへの抵抗が強まり、家庭でもあつかいにくくなるため、家族もどうやって対処したらいいのかがわからなくなったりします。後述しますが、特に中学生年代への対処は難しく、苦労している家庭が多いようです。そのため、長期的な不登校から、ひきこもりになってしまう場合さえあります。

年長になるほど、そして思春期ほど、長期化した不登校やひきこもりへの支援は難しくなるので、専門家に相談して対応する必要があります。

周囲の人が、不登校、ひきこもりの悪化を防ぐように子どもと接し、生活や考え方を少しずつ変えていくための改善策に取り組みましょう。

## 乗り越えるには数年かかる場合も

不登校を完全に乗り越えるのに、数年間かかることもめずらしくありません。不登校の期間は人それぞれです。早期に乗り越えることを期待して、焦っていろいろと手をくりだしても、かえって遠まわりとなることもあります。親が焦れば焦るほど、親子ともども落ち込んだり、深みにはまったりすることがあるので、無理な目標を立てたりしないで、ゆっくりと自分のペースで乗り越えていく子どもを見守るようにしましょう。

家族や周囲の人は、腹をくくってじっくりと対応していきましょう。気長に数年間はがんばろうと思っていれば、社会に出ていく意欲がいずれ子どもに生まれてきます。

# ゴールは自分らしい生き方を見つけること

不登校中の子どもは、同級生とちがってしまった自分の現実を認めることがつらすぎるため、自分を正当化して学校や友人を強く批判し、現実離れした高い理想にしがみつくことがよくあります。

しかし、家庭でのおだやかな生活が回復してくるにつれて、ほとんどの子どもは現実を見つめはじめ、少しずつ社会へ戻る道を手探りしていきます。こんな余裕が育ってくることが、社会復帰への第一歩なのです。

不登校を乗り越えたゴールが「学校への復帰」や「将来の就労」だと思っている人が多いようです。しかし、本当の意味でのゴールは、「子どもが自分らしい生き方を見つけること」です。

たとえそれが、不登校を乗り越える途中段階でとどまったとしても、それが精一杯なら、そこで生きることもまた大切な子どもの人生なのです。

不登校を乗り越えることができない、なかなか次の段階へ進まない子どもを見て、

GoAL
自分らしい生き方
START!

家族だけでがんばりすぎてしまうことが多いかもしれません。しかし、親の力にも限界がありますから、周囲の人に相談したり、専門家に相談したりして、焦らずに子どもがゴールに向かっていくのを見守りましょう。

# 第2章

# 子どもが学校にいけなくなる理由

この章では「子どもがなぜ学校へいけなくなるのか」について解説します。

まずは思春期の心の状態について理解を深めたうえで、思春期特有の不登校の原因について考えます。不登校のタイプは、過剰適応型、受動型、受動攻撃型、衝動型、混合型の5つに分類され、タイプによって、不登校になるプロセスや家での様子に特徴があることを説明します。

そして、子どもが学校にいけなくなる心理的な要因、身体的な要因、社会的な要因についても、できるだけ具体的に解説します。

子どもの心の状態を知る手がかりを探すつもりで読み進めていただければと思います。

## 思春期以降の不登校は人間関係が大きな要因に

幼い子どもが不登校になる主な原因は、親から離れることへの恐れであることが多

Stress
STRESS
STRESS
STRESS
Stress
Stress

いのですが、思春期になると、不登校の原因は変わってきます。

どんな子どもでも小学校高学年ぐらいから友人関係が複雑になります。また、自我が芽生えたり、受験勉強がはじまってストレスを感じたり、恋愛の悩みやトラブルも生まれます。

多くの子どもが、環境や集団に適応しようとする中で緊張が高まったり、失敗や挫折を経験したりします。それが他人から見てささいな失敗だったとしても、本人は強い挫折感や羞恥心を覚えて学校生活を避けてしまうことがあります。また、友人との意見の食いちがいやイザコザが原因となって気分が落ち込み、仲間関係を絶ってしまったりもします。

そういったことがいくつも起こり、複雑に絡み合った結果、不登校になってしまうのです。

これは、まさに思春期であるからこそ起きやすいことです。思春期から青年期にかけての子どもは、前述したとおり孤独感や無力感を抱きがちです。そういったときに、親、仲間、学校といった領域の人たちに支えられながら、自己愛の高まりによって心のバランスを保ちます。思春期の子どもは、他人の視線や他者の批判を気にしながら、自己の独立性や自律性などを育んでいくわけです。

子どもは、孤独感、無力感、不安感を抱きながら、他人の目を非常に気にして、自分を否定されることを嫌います。そして、自分の中で自分を高く評価し、どんなことでもできるような気分になることで、自分を支えようとするのです。

他人と接する中で、自分の考えは尊重してほしいし、他人の意見を強いられるのは嫌になります。そういったことに反すると、少しのことでも意地悪されているような意識に陥ったりします。

そうしたときに、実生活の中で、失敗をしたり、挫折をしたり、仲間とイザコザが起きたりすると、簡単に自分の中にひきこもってしまうのです。

## 親からの自立と自分探し

思春期の発達の課題は、「親からの心理的な自立」「自分探し」「自分づくり」です。中学生になると、これらの課題に対する葛藤が強まって不登校が起こるケースもあります。

思春期の前半（10～14歳ぐらい）は、親（主に母親）から心理的に距離を置くようになり、同性の仲間と活動することに没頭します。

さらに、中学2年生ぐらいになると、本当の自分を確立し、自立して社会とわたり合う能力を身につけるために信頼できる友人（親友）を求める気持ちが強くなり、自己をめぐる感覚に過敏になります。そのため、同性の仲間から攻撃される、脱落するといったことを恐れます。そんなときに何か問題が起きると、不登校になったり、家にひきこもったりしてしまうことがあるのです。なにしろ中学生は、人生で最もひきこもりやすい年代なのです。

思春期の後半である高校生ぐらいになると、進路を自分で選ぶ年齢になり、進学するか、ほかの道を選ぶか、考えはじめます。小中学生のときはもっぱら友人関係が悩みの中心だったものが、人生の悩み、進学、就職のことなど、徐々に具体的な将来への不安が大きくなっていくのです。

# 傷つくことへの恐れが増大して社会生活を避けるように

思春期は、親離れにともなって孤立感や無力感を抱き、仲間との葛藤もあって、心身ともに大きく揺れ動く年代だといえます。そして、20代に入るころには親離れと自分探しの多くを終え、家族や周囲の人との適度な距離を確立し、過剰な自己愛は徐々に小さくなっていくものです。

しかし、そんなふうに均整のとれた発達を、誰もが順調に歩めるわけではありません。家庭不和、いじめなどの外的要因や、心の病気などの内的要因により、ひどく傷つきやすくなることがあるのです。

学校にいくと、恥をかく、ひとりぼっち、攻撃を受けるといった不安や恐怖が強まれば、親（主に母親）に接近し、家にひきこもろうとするのです。

しかし、不登校を続けて家にこもったとしても、不安や恐れの感情は一瞬しか軽くなりません。そこには新たな不安が待っているからです。

不登校になることで親（主に母親）との距離が近くなりすぎることから、幼児返りをして母親に過剰に依存したり、さらには父親を恐れて避けたりすることもよくあります。

そんな自分への罪悪感と無力感、落ちこぼれたという挫折感が、自己愛の高まりをさらに刺激し、まわりを批判しながら、傷つくことへの恐れが増大していきます。その結果、学校生活や社会的活動をますます回避するようになってしまうのです。

こうなると、子どもから適切な支援を求めることができなくなりがちです。

そのため、不登校から抜け出すためには、それなりの支援が必要な場合があるのです。

# どんな子どもでも不登校になる可能性がある

前述したように、小さなトラブルやつまずき、悩みごと、対人関係、学業不振、親への反発など、さまざまな要素がからみ合って不登校の状態がはじまります。

たとえ、もともと社交的で成績がよく活発な子どもでも、ちょっとしたことがきっかけで学校にいけなくなってしまうことがあります。ですから、どんな子どもでも突然不登校になる可能性があるということがいえるでしょう。

また、不登校の子どもは、自己中心的でわがままであり、社会に甘えているという見方をされがちです。しかし、実際はちがっていることが多いのです。

家にこもった状態から抜け出して、登校できるようになる、または社会に出られるようになれば、多くの子どもは自己中心的ではなくなります。これは、もともと自己中心的ではなかったということです。

不登校になると、傷つくことを恐れる気持ちが強まるため、それ以上傷つくまいと

する姿が他人からは自己中心的と見えるのです。

ですから、家族や周囲の人は本人のプライドを踏みにじらないよう、焦らずに支援していく必要があるでしょう。

## 5つの「不登校タイプ」

不登校のタイプは、過剰適応型、受動型、受動攻撃型、衝動型、混合型の5つに分類されます。

不登校のタイプを把握することで、子どもがなぜ学校にいけなくなってしまったか、不登校状態で家にひきこもっているのはなぜか、どんな気持ちでいるのか、支援に対してどう反応するかなどが予測できるようになると考えられます。子どもとの関わり方や第6章で紹介する支援システムの組み立てのヒントにもなるでしょう。

## ①過剰適応型の不登校

### 失敗し、傷つくことを恐れて不登校に

過剰適応型は、環境に合わせて背伸びをする、平気さを装ってがんばり続けるといった子どもの不登校です。失敗したくない、恥をかくのが怖い、バカにされたくないという気持ちが強く、失敗を過剰に気にしてしまいます。

思春期の子どもは、同年代、同性の仲間集団に一体感を求めます。それは、母親離れへの葛藤を支えるためでもあるといわれます。そして仲間との関係を維持しようと夢中になって大変な努力をします。だから、思春期の子どもの多くは、背伸びをし、過剰適応しているのです。

しかし、その努力ゆえに失敗に敏感で、つま

ずきやすくなっています。なんらかの理由で不安が増大すると、自分が傷つくことを恐れて登校できなくなる可能性が高まってしまうのです。

過剰適応型の不登校の子どもには、次のような特徴があります。

- 教師からほめられるためにがんばり続けてきた。
- 仲間に必要以上に気を使う。
- 孤立しないように過敏になる。
- 仲間から浮かないように気を使う。
- 不登校のうちもっとも多いタイプ。

## ②受動型の不登校

**環境に圧倒され耐えられなくなって不登校に**

受動型の子どもは、まわりの人の迫力や背伸び（強がり）に圧倒されて学校にいけなくなります。

思春期の子どもはみな、ことさらに強がりますし、そんな子どもを教師は強く叱ったりします。受動型の子は、それを見ているだけで苦痛を感じてしまいます。**もうこれ以上は耐えられない、という状態まで萎縮して、不安が積み重なってしまった結果として、不登校がはじまってしまうのです。**

不登校の中には、こうしたタイプの子どもが、かなり存在しています。

前述した過剰適応型の子どもが一般的なタイプだとすると、そうしたがんばり屋さんの活動的な姿勢に圧倒されている受動型の子どもも必ず存在します。

受動型の子どもは、むやみに盛り上がり、騒々しく、激しい活動をする仲間に圧倒され、萎縮してしまうのです。そして、ほとんど意見もいわず、目立たないように行動します。

受動型の不登校の子どもには、次のような特徴があります。

- 周囲の人に合わせ、受身的についていく。
- 自分からは意見をいわない。
- 相手のいいなりになることが多い。
- 何かいわれると萎縮して固まってしまう。
- 叱られたくない、攻撃されたくないという思いが強い。

## ③受動攻撃型の不登校

### 目立った自己主張や反抗はなく不登校に

受動攻撃型の子どもは、大人が手助けしようとしたり、解決策を話し合おうとしたりしても反発はしません。しかし、表面的に了解したと感じさせるだけで、解決に向けた努力を感じさせず、叱ってもほめても頑として動かず、不登校を続けるようになります。

このタイプは、目立った自己主張はしませんが、「権威ある人には従わない」という形で主張しています。過干渉でいろいろなことに口を出す保護者によって、小さいころから持続的に自分から何かやろうという意欲をそがれ続けてきた結果として、動かなくなった可能性があります。

受動攻撃型は、前述したふたつのタイプとは明らかに異なります。

大人のいうことを聞いているような態度を示しながら、結局はいわれた通りに行動しない、あるいは成果を上げないというタイプの子どもです。激しい感情は表面に出ませんが、素直に指示に従いません。能動的な生き方をあきらめて、変化や進歩をしないことで大人に主張し、反抗しているのです。

人から指示されたことは先延ばしにしたり、失敗させたりすることがあり、何かいわれると不機嫌にはなりますが、何も反論しないというのが典型的な行動です。

受動攻撃型の不登校の子どもには、次のような特徴があります。

●激しく荒れない。

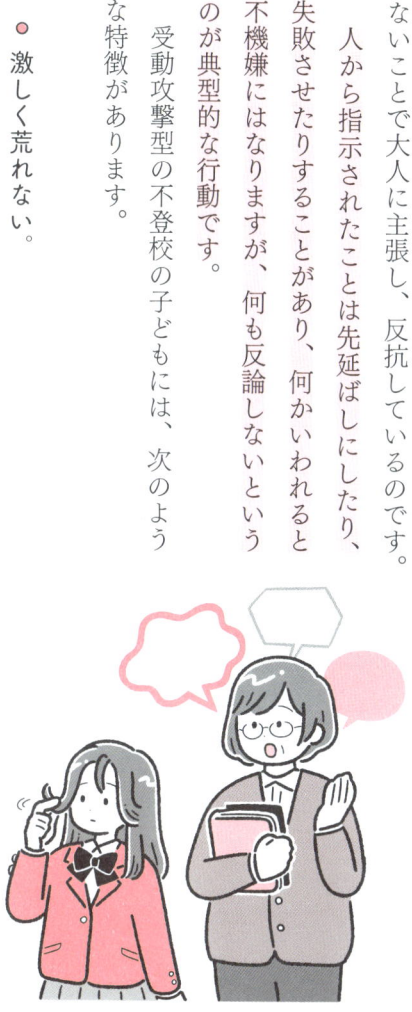

- 不安が目立たない。
- 人の指示は先延ばしにする。
- いった通りに行動しない。
- 自己主張をしない。

## ④衝動型の不登校

### 仲間はずれにされて、しらけたように不登校をはじめます

思春期の子どもは、男女に関係なく心理的な母親離れが発達課題であり、孤独感、無力感には耐えがたい年頃です。そうした不安をやわらげてくれるのが仲間であり、同じ見かけ、同じ感性、同じ行動を共有しようとします。しかし、その集団では和を乱したり、異質だと感じられたりする存在に対して、排除しようとしたり、攻撃しようとしたりする傾向があります。

衝動型の子どもは、こうした思春期特有の集団のバランスになじめず、排除されやすいタイプです。なんでもやりすぎたり、おしゃべりで秘密が守れなかったり、自己

中心的な言動を繰り返したりして、そうした自分の行動がきっかけで仲間から排除されることがあります。

そうすると、集団の子どもたちに受け入れられようと必死になってがんばったり、逆に怒りを爆発させたりします。しかし徐々に気分が落ち込んでいき、「どうして自分を受け入れてくれないんだ」という気持ちになり、次第に学校に背を向け、不登校をはじめます。

また、衝動型には虐待を受けた経験のある子どもも含まれていると見られています。

衝動型の不登校の子どもには、次のような特徴があります。

- なんでもやりすぎる。
- おしゃべりで秘密が守れない。
- 自分中心の考え方をする。

- 集団行動から逸脱しやすい。
- 仲間に入れてもらおうと必死にがんばるが、思うようにならないと怒りを爆発させる。

## ⑤混合型の不登校

### これまで紹介してきたタイプの特徴のいくつかが合わさった不登校

混合型は、前述した4つのタイプのどれかひとつには特定できず、複数の特徴を持っている不登校のタイプです。

その多くは衝動型とほかの型の混合型が多く、「衝動型＋過剰適応型」、「衝動型＋受動型」などが見られます。

混合型を含む衝動型の子どもは、仲間から孤立し、一見、自分勝手な行動をしているように見えてしまうタイプが多いようです。このタイプには、発達障害（ADHD、自閉スペクトラム症など）が見られることがあり、そのために仲間に受け入れられない行動をしてしまうケースも少なくありません。

落ち着きがなかったり、その場の空気が読めなかったりして、周囲の人に合わせた行動がとれない子どももいます。自分の感情がコントロールできない、衝動的に行動してしまう、怒りが抑えられない、そういった子どもは気持ちがうまく表現できず、興奮してキレてしまい、周囲の人に受け入れてもらえないこともあるでしょう。

このような状態が続くと、仲間から孤立してつらい気持ちに追いつめられます。落ち着きがないことを教師からとがめられ、それがきっかけになって不登校になる子どももいます。

まわりの人や家族は早く気づいてやり、身体症状や精神的な問題が明らかならば、早めに専門医へ受診することを考えるようにしましょう。

発達障害を持つ場合は、学校教育だけでは対応が難しいケースもあるので、専門機関に相談したり専門医を受診したりする必要があるでしょう。詳しくは第4～6章で説明します。

混合型の不登校の子どもには、次のような特徴があります。

- 4つのタイプのどれかに特定できない。

●「衝動型＋過剰適応型」や「衝動型＋受動型」などが多い。

# 不登校の兆候をチェックしてみましょう

過剰適応型、受動型、受動攻撃型、衝動型、4タイプの不登校の兆候をまとめたので、チェックしてみましょう。不登校の兆候を早期発見できれば、深刻な状態になる前に対処できますし、問題解決のヒントにできるでしょう。

**①過剰適応型の不登校の兆候**

□家族に叱責《しっせき》されないようにいつもがんばる。
□教師や親の賞賛を得るために勉強をしている。
□周囲の人に認められるような成績にこだわる。
□友だちとの一体感を失わないように常に気を使う。
□集団から浮かないように、思ったことをいわない。
□孤立することを嫌う。

□恥をかかないよう何事も準備する。
□対人関係に敏感である。
□人からバカにされたくない。
□がんばっている分つまずきやすい。

**②受動型の不登校の兆候**

□家族のいう通りに行動している。
□教師の指示には反抗しない。
□友だち関係では主導権をけっして主張しない。
□自分の意見を積極的にいわない。
□相手のいいなりになることが多い。
□何か指摘されたりすると萎縮してしまう。
□誰かが叱られているのを見ると不安になる。
□人前で発表することを嫌がる。
□とにかく注目されることを避ける。

□友だちや教師との会話が苦手。

③受動攻撃型の不登校の兆候

□いつもあいまいな態度を示している。
□自己主張をしない。
□人から指示されても反応しない。
□家族や教師には表面的に反発しない。
□叱られると頑として動かなくなる。
□他人の意見を受け入れない。
□現状を変えようとせず変化を望まない。
□何事にも目立った努力をしない。
□無言でいることで反抗する。
□人から批判されたりバカにされたりしても動こうとしない。

④衝動型の不登校の兆候

□何事もやりすぎてしまう。
□秘密をすぐしゃべってしまう。
□楽しくなるとすぐにふざける。
□自己中心的な行動が多い。
□その場の空気を読んで行動するのが苦手。
□集団行動を乱すことが多い。
□人からバカにされたりすると怒りを爆発させる。
□自分のことばかり話したがる。
□人から無視されたりすると急に落ち込む。
□自分が受け入れられないと怒りだす。

# 不登校の心理的な要因

多くの不登校の子どもは、学校や教師、友だちなどに関するなんらかの悩みを抱えています。

子どもは大人がそれほど気にならないことでも、苦しんだり悩んだりします。友だちや家族と衝突したり傷つけ合ったりするのは、成長過程でよくあることです。しかし、ささいなことを深く悩んで、人に会うことも、学校にいくことも、全て嫌になってしまうこともあるのです。それが、ときに不登校に発展していきます。

家族や周囲の人は、できるだけ早く悩みに気づいてやり、子どもの話を黙って聞き、叱ったり無理強いしたりせず、心をほぐしていくようにしましょう。

思春期の子どもによくある悩みを具体的に見てみましょう。

## ● 家族や教師、大人への反発

身近にいる大人への不満、疑問、嫌悪などの反発の気持ちが増大します。大人の高

圧的な態度や理不尽な言動に対してはもちろんのこと、大人の狡猾《こうかつ》さやみじめな姿を目の当たりにして、失望や落胆の気持ちも抱くようになります。

● 進路の悩み

成長するにつれて将来への希望に胸を膨らませる一方で、自己否定に陥ったり、親や教師から自分の能力を否定されて、自信を失ったりすることもあります。進路が定まらず、将来を悲観する心理状況になりやすくなります。

● 友だち関係

ただでさえ人間関係に悩みやすい思春期ですが、昨今はＳＮＳの流行とともにコミュニケーションの難しさが子どもの悩みをより複雑にしています。対面でのケンカ、仲間外れや会話の齟齬《そご》以上に、ＳＮＳ上のミスコミュニケーションはこじれやすく、些細なすれちがいでも子どもにとっては大きな苦悩になります。

● 成長の不安

思春期はホルモンの分泌量が著しく変化し、またそれにともない身体的な変化も大きい時期です。身長や体重など体型に悩みやすくなるほか、体の変化に違和感を覚えたり、友人と比べて自分の発達が遅かったり早かったりすることを過剰に気にします。最近では、男女の性差から生まれる格差、自分の生物学的な性に違和感を持つといったジェンダー問題などもあります。

### ● 人生への不安

感受性豊かな時期の子どもは親離れや自己の確立にともない、将来の自分の人生に不安を感じ、希望を見いだせなくなることがあります。ポジティブな考えよりも、ネガティブな考えに流されてしまい、ときには日常生活に支障がでるほどになることもあります。

### ● よくわからないがイライラする

男女に関係なく成長期（特に思春期）の子どもは、ホルモンの影響で心理状態が安定しにくくなります。気持ちが昂《たかぶ》ったり、無性にイライラしたりして、気持ちのコントロールがうまくできなくなることさえあります。

● 恋愛

個人差はありますが10〜14歳には、男子は精通、女子は生理がはじまり、身体的な性差も成長するにつれ、大人の体に変わっていく自分に戸惑いが生まれます。主に異性に恋愛感情を覚えたり、性的対象として意識したりするようになり、その後しばらくすると相手の気持ちが知りたい、相手に嫌われたくない、恋心を誰かに知られたら恥ずかしいといった気持ちが激しく入り乱れることがあります。

● いじめ

同年代の子どもの集団では、和を乱す者、異質な者を排除しようとすることがあります。また、容姿、癖、持ちもの、ファッションなど、ちょっとしたことが攻撃の対象になったりします。前日まではなんでもなかったのに、今日はいじめのターゲットになってしまった……ということもあります。

● **勉強・成績**

学校では授業やテスト、帰宅すれば宿題や塾といったように、子どもたちは勉強に関するプレッシャーを常に受けています。誰にでも苦手な教科があり、高学年になるほど内容が難しくなり、つまずきやすくなります。また、中高生になると教科担任との相性などで、その教科の成績が上下することもあります。

● **校則や学校のシステム**

最近では、一般社会から見て明らかにおかしい校則を「ブラック校則」と呼び、そういったものを見直して、変更したり、廃止したりする学校が増えています。ブラック校則でなくても、校則に適応できない子どもはいます。また、学校のシステムに否《いや》応《おう》なしに従わされることに抵抗を感じる子どももいるかもしれません。

● **夏休みなどの長期間の休み**

授業があるときの子どもは必死に学校へ通っているので、授業や友だち関係などの学校でのストレスや悩みに気がついていない場合もあります。休み中に家で過ごしている中で、学校でのストレスや悩みを自覚して、休み明けから学校にいけなくなることがあります。また、休み中に生活のリズムが乱れてしまい、戻せなくなり学校にいけなくなる……といったこともあります。

## お金

中学生になると部活や塾、友だちとのつき合いなどで行動範囲が広がります。そういった行動の中でお金を使っているうちに、お小遣いが足りなくなってしまうことがあります。また、親の知らないところで、友だちとのお金の貸し借りでトラブルが起こってしまうということもあります。家庭ごとの経済的な格差を目の当たりにする機会も出てくるでしょう。

## 運動能力

成長期の子どもは同学年であっても、身体能力や体格に大きな差があります。学校での体育の授業やクラブ活動、体を使った遊びや日常生活の中で、まわりの子どもと比較して自分が劣っていると感じると、子どもにとっては恥ずかしいと思ってしまうことがあります。

### ●コンプレックス

思春期になると、自己評価のひとつとして、自分の容姿や性格を気にするようになります。自己評価の基準は子どもによって千差万別で、多いのは理想の自分とのギャップや友だちとの比較によるものです。また、無神経な人からの一言によって、過剰に他人の目を気にするようになることもあります。

### ●欲しいもの

年齢が上がるにつれて、欲しくてもお小遣いで買えないものが増えてきます。スマートフォン、ゲーム機、楽器など、高額であるほど簡単には手に入りません。持っていないと、持っている友だちから仲間はずれにされるかもしれない……といった恐れがあるかもしれません。

### ●相談できる相手がいない

子どもによっては人と話すことが苦手、抱えている悩みごとやトラブルを自分の言葉でうまく伝えられないことがあります。また、悩みごとやトラブルの内容によっては、親や学校の教師、友だちや先輩などに相談できないままひとりで苦しむこともあります。そんなことから子どもは孤独感を徐々にふくらませていきます。

## 不登校の身体的な要因

身体的な訴えには真摯《しんし》に向かい合うことが大切です。

身体症状は深刻な病気のサインかもしれません。子どもが「頭が痛い」「だるい」などの身体症状を訴えて学校へいかないときに、仮病を疑ったり、頭から「ストレスのせい」と決めつけたりするのは危険です。

たしかにストレスによって身体症状を起こすことは多いのですが、重大な病の前兆である場合もありますし、薬を必要とする場合もあります。医師に相談して、身体症状の原因を調べ、じっくり対応していく必要があるでしょう。

その結果、重大な病ではないことがわかったら、心理的なストレスによって身体症状がさらに強まる、という悪循環にはまってしまうケースも多いことを思い出しましょう。つまり、「体にでている不調は、体だけの問題ではないのかもしれない」ということです。

不登校と関連の深い身体症状の一例をあげます。

- **頭痛、腹痛**……これらは、もっともよくみられる症状で、朝、家から出られなくなる、保健室などでの休憩が多くなります。
- **だるい**……倦怠感《けんたいかん》があって、なんとなく調子が悪い状態です。
- **気持ち悪い**……外出のときにいつも気持ちが悪くなり、胃がムカムカして家をでるのが怖くなります。
- **起立性調整（節）障害**……思春期前後の子どもによく見られる症状で、自律神経の働きのバランスが崩れて、立ち上がったときや長時間立っているときにめまいを起こしたり、頭痛がしたりします。朝、なかなか起き上がれない、食欲不振、全身の倦怠感、頭痛などの複数の症状が現れます。立ち上がった直後にめまいを起こして倒れたり、心拍数が異常に増加したり、立っているときに血圧が下がって失神したりすることもあります。昼、夕方、夜になるにつれて回復し、夕方から元気に活動する子どももいます。

## 身体症状の原因ははっきりわからないことが多いことを承知しておきましょう

不登校や不登校の傾向がある子どもの根本的な問題が何かを見極めることが、適切な対応につながるのですが、担任の教師や家族にはそれがはっきりわからないことが多いと思います。

まずは病院を受診し、頭痛や腹痛などの身体症状があるのなら、その原因をつきとめましょう。身体的な病気でなければ、心の病気や発達障害が関係しているかもしれません。もちろん、原因がはっきりと見えてこない身体症状も、たくさん存在することを忘れてはいけません。

発達障害が起因して不登校になっていることが疑われる場合、早いうちに心理検査をして特性を把握するといいでしょう。詳しくは第4章で説明します。受診をして専門医に診てもらえば、身体症状の原因や心の病気の状態がはっきりとしてくることが期待できます。

## 不登校の社会的な要因

不登校の子どもが増えている要因には、社会の変化も考えられます。

かつて、子どもたちはいい学校に進学し、いい会社へ入社するという進路を求められて、勉強していた時代がありました。しかし現在は、そのような進路のほかにもいろいろな道を選ぶことが可能になってきました。

社会や人々の価値観が変わり、成功の形、幸せの形が多様化してきました。それ自体は望ましいことといえるでしょう。

また、高学歴であっても高収入が約束されるわけでもなく、大企業に勤めていても安定した人生が保障されていない、そんな時代になりました。努力が結果に結びつかない未来に不安を抱くのは当然のことです。

さらに、このような社会の変化の一方で、画一化された価値観も根強く残っていて、大人でも多様な価値観を認め合うことができていないのも事実です。多様な価値観と溢れる情報に混乱し、子どもが精神の安定を崩してしまうのも無理はないでしょう。

「精神的に苦痛が強いならば学校にいかなくてもいい」という考えがある一方で、「子どもは学校にいくべきだ」という考え方も根強くあります。現代でも「学校を休むのはよくない」という価値観の中で育っている子どもが大半で、学校にいけなくなってしまった子どもの多くは、不登校になったことで挫折を感じ、深く傷ついています。

前述したとおり、不登校の原因は子どもによってさまざまです。子どもは個々で悩みを抱え、落ち込んだり、怒りを感じたりして、学校生活や社会生活を回避してしまうのです。周囲の人はただ叱ったり励ましたりするのではなく、子どもの心の声に耳を傾けましょう。

次章では、学校にいけなくなってしまった子どもたちの心と生活の状態について考えます。

# 第3章

# 不登校中の子どもの心と生活

ここからは「不登校中の子どもの心と生活がどのような状態にあるのか」について見ていきましょう。

不登校になった子どもが家族に見せる行動や思考には、子どもの傷つきやすくなっている心、これ以上傷つきたくないという思いが隠れています。それをふまえて、子どもとのコミュニケーションのとり方、親子の信頼関係の築き方、子どもに接するときの心構えや注意点を解説します。

特に、子どもの暴言や暴力、自傷行為や自殺願望といったことは、なかなか人に相談がしづらいうえに、冷静で適切な対応が求められます。そのような深刻なケースになった場合の状況の受け止め方や対処法についても説明します。

## 親の何気ない言葉が心の傷になりやすい

不登校になってしまった子どもは、学校にいきたくてもいけない、外出したくてもできない状態です。他人とのコミュニケーションにも不安や恐怖を感じ、ストレスや悩みを抱えているのです。

身近な存在である家族は子どもに対して、つい、「怠けているのではないか」「甘えているからだ」などといってしまうことがあるでしょう。

しかし、ついいってしまった言葉、何気なくいった言葉が、子どもには深い傷になることがあります。また、親に対して不信感を持ってしまうこともあるのです。

怠けや甘えだと思うのは親の焦りです。子どもにそのままいうのは、百害あって一利なしです。きちんと話を聞いて子どもの主張を受け止めてあげるようにしましょう。

子どもの心は揺れ動きます。コミュニケーションをしっかりとることも大切ですが、とにかく信じて待つことも大事です。家庭が子どもにとって安心できる環境になると、子どもの中で安心感が芽生え、子どもは心を開くようになるでしょう。

このように、不登校の子どもの心や不登校の状態はそれぞれでちがいます。本人の性格や年齢、現状などを考慮し、適切な対応をしていきましょう。

不登校の状態としてよくある5つの傾向を、それぞれ説明します。

# 不登校の状態①　外出するのが怖い

外に出ると、なんとなく不安や恐怖を感じる、という子どもがいます。

家の外では他人から非難されるような気がしたり、失敗するのではないかと感じたりします。そして、体調が悪くなったり、頭痛、腹痛などに襲われたりすることがあるのです。また、人と話すとひどく緊張したり、大量の汗をかいたりもします。電車に乗ると具合が悪くなるというケースもあります。

何に対して不安を感じるのか、何が怖いのかは本人にしかわからないので、周囲の人は対応に苦慮するでしょう。しかも、がんばって外出できても強いストレスによって、原因不明の体調不良になってしまうこともあります。

なんらかの理由で外出するのが怖くなった子

どもは、自室にこもる、リビングまでは出られる、近所へは買い物にいけるなど、それぞれで状態がちがいます。

不登校に関する雑誌や新聞の記事を見せたり、学校からの手紙を子どもの部屋のドアからこっそりすべり込ませたりして、子どもに気づかせようとする親がいます。それは、親の焦りからでた登校強要でしかありません。焦りにまかせた登校強要は、親子のすれちがいを生むだけです。

また、子どもの顔色をうかがったり、「この子は外出する気がない」などと決めつけたりするのもいけません。子どもに学校や社会への関心がでてくるときを、冷静に待ちましょう。

学校生活や社会生活を恐れて家庭にこもっていると、人と話すことや外出することが、どんどん苦手になってしまいます。こうした状態にある場合、子どもが外出を嫌っても、問いつめたり無理をさせたりせず、まずそのつらさを理解してあげることが大事です。親が子どもの不安を受け止め、子どもなりに不安な気持ちに取り組みはじめるまでおだやかに見守りましょう。

# 不登校の状態② 他人の目が気になる

子どもは家族から離れることに対して不安を抱くことが多いのが一般的です。不登校になると、家庭の外でひとりで行動することへの恐怖が克服できず、外出すると不安になる子どもが多くいます。また、他人の目が気になってしまい、強いストレスを感じるケースもあります。他人の目が不登校の自分を批判しているようで、精神的に落ち着かず、心身ともに疲れてしまうのです。

心の病気のひとつに社交不安症というものがあり、その症状には対人恐怖やあがり症、視線恐怖などがあります。誰かに見られていると思うとさらに緊張し、不安や緊張とともにさまざまな身体症状があらわれます。それがきっかけで、不登校につながることもあります。専門医

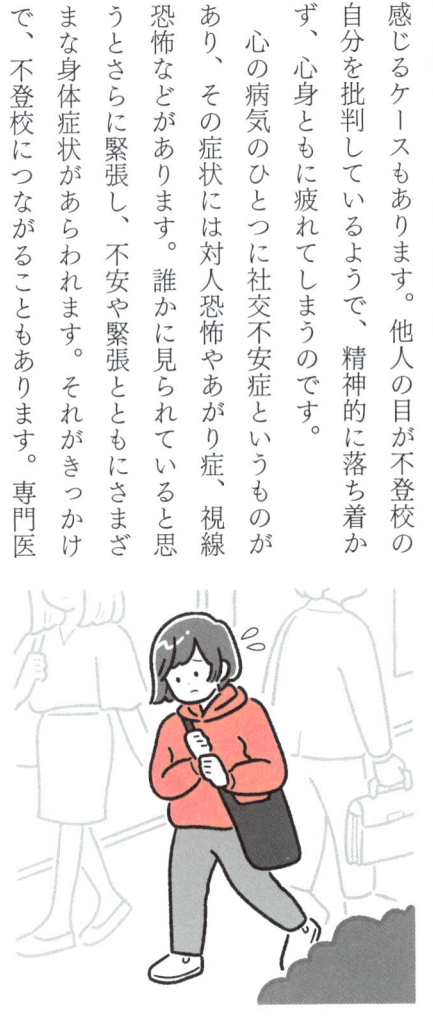

に相談し、薬物療法やカウンセリングなどで対処するなど、つらい症状の対応を知ることが必要です。

## 不登校の状態③　生活リズムが乱れる

朝、決まった時間に起きて、太陽の下で活動し、夜も決まった時間に就寝する……という生活リズムが乱れると、体調が徐々に崩れていきます。

人間の体は、日光を浴びると朝だと感じて覚醒し、自然と目がさめ、体内時計のズレがリセットされます。しかし、部屋に閉じこもったままだと、日光を浴びないうえに、運動をしていないので疲れることがなく、夜になっても眠ることができなくなります。そのため体のリズムを調整する機能がうまく働かなくなってしまい

ます。

昼間は親から登校を迫られないよう、寝たり起きたりして過ごし、夜中は誰にも文句をいわれないのでゲームやインターネットを思う存分やる、というような生活を繰り返している不登校の子どもも多いようです。中には、夜中のほうがひとりになれて精神的に楽だからと、夜遅くまで起きていて、家族が起きるころに寝るという生活が続くケースもあるといいます。

不登校が長期化していると、昼夜逆転の生活から抜け出すのが難しくなります。この悪循環を断つためには、生活のリズムを直す必要があります。昼間に活動して日光を浴びるようになると脳が活性化し、少しずつ体調もよくなって健康的になれるでしょう。そうなるために、「昼間起きていても登校を強制されることはない」と子どもが安心できていなければなりません。

中には、早朝から目がさめてしまい、うつうつとして午前中を過ごし、夕方が近づくと少し楽になってくる。しかし、夜になるとぐっすり眠れない。誰とも会いたくなくて、学校にもいきたくない、何もする気になれない、という症状を訴える子どももいます。こうしたケースはうつ病の可能性があります。うつ病の症状がある場合は、不登校への対処より、うつ病の治療を優先しましょう。うつ病をはじめとする心の病気については、第4章で詳しく説明します。

昼夜が逆転してしまっている場合、子どもとよく話し合い、時間をかけて生活習慣を直すようにしましょう。叱るだけでは解決しません。大切なことは、登校してほしい気持ちを親などの周囲の大人が抑えることです。生活のリズムが改善したとき、社会への関心を持ったとき、「すぐに登校や外出を強いられることはない」と子どもが安心できることです。

生活リズムを整えるために、次のようなことができたらよいでしょう。とはいえ、不登校になった子どもにすぐに提案しても、受け入れてはくれません。子どもに少し余裕が出てきたら、「体のために」と提案してみましょう。

1 朝、日の光を浴びる。
2 何時に何をするか、子どもが自己決定する。
3 一緒に家事をしてみる。
4 近隣の散歩などの外出にチャレンジ。

5　スマホなどの電子機器を夜遅くまで使用しないようルールを決める。
6　夜更かしをしないで早めに体を休める。

## インターネットやゲームに熱中してしまう

今の時代、インターネットは必需品といえるもの。パソコンやスマートフォンをあたえると、ついSNSやゲームにのめり込み、時間が過ぎるのも忘れて熱中する子どももいるでしょう。昼間の活動ができなくなるほど、深夜までやめられないことも少なくないといいます。

不登校の子どもにとってはなおさら、SNSやゲーム、インターネットは時間を潰すのにもっとも手軽なものです。熱中して昼夜逆転の生活になってしまう子どももいるでしょ

う。また、有害なサイトにアクセスしてしまったり、闇バイトや性犯罪に巻き込まれたりする恐れもあります。

しかし、SNS、ゲーム、インターネットは、その使い方によっては社会との接点となり、社会生活への参加の手助けになります。メールやチャットのやりとりで友だちなどと連絡を取り合うことができますし、新しい友人との出会いのチャンスをつくることもできます。SNSではいろいろな人が書き込みをしますから、情報収集やコミュニケーションの場として機能することもあるでしょう。

親は時間の管理と金銭のコントロールに工夫をこらしながら、子どもと家族以外の人とのコミュニケーションを、できるだけ干渉せず見守りましょう。

## 不登校の状態④ 気分が沈みやる気が起こらない

気分が落ちこんで意欲が低下すると、外出もできず、いつも不安でやる気がわいてきません。

不登校の子どもは自信をなくし、自己否定的で悲観的になりがちです。

自分のことが信じられない、自分のことが嫌いになる、将来の夢が持てない、学校にいく意味がわからない、もう自分に未来はない、友だちに嫌われていると思い込むなど、自分が嫌いになったり、将来を悲観したり、まったく社会生活に参加しようとしなくなったりします。

家族や友だちに励まされたとしても、むしろ心を閉ざし、ネガティブなことばかり考えてしまうのです。

そんなとき大人は、むやみに励ましたり、登校を無理強いしたりせず、その子の憂うつな気持ちを受け入れ、認めてあげましょう。そして、子どもが元気になったように見えても、登校を強いることなく見守り、学校について冷静に考える心のゆとりができるのを待ちます。子どもの悩みを、答えは急がずに根気強く聞いてやり、子どもが「なんとかなるかも」という気持ちになるのを待つことが大事です。そのためには次のことを心がけましょう。

**①まずは子どもの話を聞き、安心させる。**

②子どもの主張を尊重し、共感する。
③安易に子どもを励まさない。
④子どもに反発されても感情的にならない。

子どもの心にゆとりができてきたタイミングで、学校以外の場で活動して達成感を味わったり、進路への希望を見つけたりできることを伝えるのもよいでしょう。ただし、けっして急がず、子どもが意欲を示しはじめるのを待ちましょう。

子どもの心が学校から解き放たれて自由になると、自分なりの目標や、自分なりの夢について考える気持ちが生まれてきます。子どもがそういった話をした場合、どんな目標でも否定したりせず、子どもの言葉を最後まで聞き、批判せずにサポートすることで、子どもは少しずつ前向きな気持ちを取り戻していくことができるでしょう。

# 不登校の状態⑤ 衝動的な行動をする

不登校が長期化すると、子どもの家庭内暴力が起きるケースは少なくありません。親（主に母親）にあれこれ命令したり、指示どおりにしなければ大声で騒いだりすることがはじまりで、そのうちに殴る、蹴るという暴力へとエスカレートすることもあります。父親を避けて母親に甘え、横暴になるのが思春期の不登校なのです。子どもが激しく感情をむきだしにするのは、不満やいらだち、焦燥感などの苦しい気持ちのあらわれです。子どもは親に助けを求めているのです。

親がそのことに気がつかず、登校を強いたり、将来のことを口にしたりすると、子どもは混乱し、苦しい気持ちをわかってほしくて、暴言を吐いたり、叩いたり、蹴飛ばしたりといった暴力行為に至ってしまうことがあります。子どもは、暴力や暴言が悪いことだとわかっているのに、母親に対してだからこそ衝動が抑えられなくなってしまうのです。

# 親は子どもの暴力に支配されてはいけません

家庭内暴力は、密室化した家族関係のもとで起こります。不登校によってはじまった幼児返りが、ときに親への暴力へとつき進ませるのです。

ほとんどの場合、暴力の矢面に立つのは母親です。不登校が続くと、子どもは母親と接近しすぎた生活を続けることになり、幼児返りが進みます。母親への暴力が起きたら、父親は母親を支え、子どもと母親との間に入って止めてください。ただし、けっして暴力や暴言で止めようとしてはいけません。

親は暴力を認めてはいけません。どんな暴力でも毅然とした態度で拒否しましょう。子どもを受け止めることと、子どもの行為を全て許すことはちがいます。子どもが暴言を吐いたり、暴力や器物破損を繰り返したりしたときは、驚いたりひるんだりせずに、その場を去るなどして距離を置きましょう。

暴力によって要求がとおったという経験にならないように、いいなりにはならず、子どもが落ち着いたら、いつもの生活に戻りましょう。そのとき、暴力についての追及はしないでおきましょう。

## 暴力にうったえる子どもの気持ちに向き合う

親は子どもの暴力に精神的に屈しないで、可能な限り平静になりましょう。

そして、暴力でしかあらわせない子どもの心を受け止めるようにしましょう。

しばしば暴力は、親が子どもを追いつめたときに起こるものです。不登校であることに強い罪悪感を持ち、学校が気になってしかたないのに登校できない、子どものつらさを理解しましょう。

不登校の子どもは自信を失っていることがあります。挫折感から悲観的になっているケースが多く、周囲の人に嫌われているとか、自分はダメな人間だなどと自分をおとしめたり、あるいは人のせいにして怒ったりします。

そのような気持ちになっている子どもには「今は学校にいかなくてもいい」こと、

「いずれ自分から動きたいと思えるようになったときには手伝える」ことを伝え続けましょう。

## 暴力が繰り返されたら

暴力をふるう子どもには、なんらかの理由があります。

家族が不用意な登校刺激をあたえた、父親が幼いころから叱るだけだった、母親は弱々しくて泣くばかりなど、子どもの暴力を誘発することがあるのです。

不登校が長引くと、ごくささいなこと、あるいは何もきっかけがないのに、毎日のように暴力が突発するケースもまれにあります。そういった慢性化した暴力には、適切な対応をする必要がでてきます。

慢性化した暴力は止めることが難しくなります。そうした場合は、たとえば第三者、警察官にきてもらう、家族が避難するなどの手段を検討しましょう。第三者に介入してもらうことで暴力がおさまる場合があります。

暴力の対象が母親の場合は、父親などが介入し、暴力を制止します。また、子どもと母親がふたりきりになる時間をなくすなど、環境面の改善にも努めましょう。親戚、学校の教師、家庭内暴力専門のカウンセラーといった専門家などに間に入ってもらうことも検討します。

それでも暴力がやまなかったりエスカレートしたりする場合は、暴力を受けている家族を避難させます。世間体が気になるかもしれませんが、乗り越えなくてはいけません。専門家と策を話し合いましょう。

避難するタイミングは、激しい暴力の直後です。避難先は、ホテル、実家、シェルター、ウィークリーマンションなどが適当でしょう。原則として、父親は家にとどまり、母親との橋渡しをします。

母親がいなくなると、子どもはまず後悔し、同時に怒りの感情があらわれます。怒りは徐々に「あきらめ」に変わり、もう暴力はふるえないと感じる時期がきます。

そういった時期になるまでには、最低でも数週間ほどかかるでしょう。そこですぐに帰宅するのではなく、一時帰宅をしながら様子を見ます。専門家に相談しながら、普通の会話ができるようになったら帰宅します。

それでも暴力が繰り返される場合、警察に通報するという決断が必要です。世間体や報復を恐れず、勇気を持って通報しましょう。なお、このような対応が必要なほど暴力が深刻な子どもは、それほど多くはありません。保健所などにある精神保健相談の窓口を訪れるのも役に立ちます。

## 子どもが「死にたい」といいだしたら

不登校が長期化した子どもは、「自分のような人間はこれから生きていけないのではないか」とか、「自分は生きている価値がない人間だ」という思いを抱きがちです。その中には「死にたい」と口にする子どももいます。

家族はショックを受け、うろたえるかもしれませんが、ここは腹をすえ、冷静に対応しましょう。

自室や家にこもった状態になることで、人は自己愛をふくらませ、自分が傷つくことをますます恐れて、社会との接触を回避してしまいます。そうなりながら心の片隅では、自分を責め、自己否定する気持ちがふくらんでくる場合があり、自殺願望が起こることがあります。

子どもが「死にたい」といいだしたら、家族はとにかくうろたえずに「死んでほしくない」という気持ちを静かに伝えます。子どもは生きたいのです。でも、不登校にある今、生きることが死よりも怖く感じるのでしょう。批判や道理をいわず、安易に励ましたりもせずに、「あなたが大事」という気持ちを伝え続けましょう。

リストカットなどの自傷行為に至る場合もあります。子ども自身が不登校になった自分を受け入れることができず、その焦燥感を自傷行為であらわすのです。そういうときはあわてずに、自傷せざるをえない気持ちを、身近にいる人たちがじっくりと時間をかけて聞いてあげましょう。そして、自傷した傷を手当してあげましょう。

## 暴力や自傷行為をやめるように伝えるときの注意点

暴力や自傷行為をやめるように伝えても、受け入れない子どもがいます。
それは、周囲の人の対応が、子どもを刺激するものだからかもしれません。子どもの気持ちを受け止めることをせず、ただ叱ったり批判したりすると、逆に暴力や自傷行為が激しくなってしまうものです。

親は、頭ごなしに子どもの行為をやめさせようとせずに、まずは子どもの言葉に耳を傾けましょう。中には、言葉では伝えられない子どももいます。そのときは、子どもの暴力的な言動の背景を思いやり、傷ついた子どもの心に寄り添いましょう。

そのうえで、とにかく根気強く、「暴力はやめて言葉で気持ちをいってほしい」「自分のことを傷つけないでほしい」と伝え、暴力行為には応じない姿勢を示します。それでもやまない場合は、精神科医や心理カウンセラーといった専門家に相談して、対処の方法を検討してみるといいでしょう。

暴力や自傷行為といった激しい行動をとるのは、不安やいらだち、焦燥感のあらわれです。不安や恐怖を感じることがあったり、悩みごとや不満をうっせきさせていたりすると、その苦しみのアピールとして暴力や自傷行為をしてしまうことがあるのです。

いちばん大事なのは、日頃から子どもと日常的な会話を十分にして、気持ちが通じ合えるようにコミュニケーションをとれる状態にしておくことですが、それはとても難しいことでもあります。

深刻な暴力、生命に危険をおよぼすような自傷行為は、急を要する事態と考えて、早急に精神科受診などを検討しましょう。

精神科受診については次の章で解説します。

**子どもの暴力、自傷行為への対処例**

- 怒声をあげる。
  ⬇子ども自身や周囲の人に危険性がないときは、離れてひとりにさせる。
- ものを壊す。
  ⬇安全な距離をとり、冷静になってから気持ちを聞く。
- 殴る、蹴る。
  ⬇毅然とした態度で拒否し、距離を置く。暴力が激しいときは、暴力をふるわれている家族が避難する。あまりにもひどいときは警察に相談したり、本人の精神科受診を検討したりする。

- 人にケガをさせる、事件を起こす。
  ⬇警察を呼んで対処してもらう。悪いことは悪いと知らせる。
- 自傷行為、自殺をしようとする。
  ⬇まず止めて、それでも子どもが落ち着かなければ、警察と相談して、精神科を受診する。

# 第4章

# 心の病気と発達障害

ここまで、さまざまな不登校の原因や事象を紹介しました。ここからは、不登校のその他の要因のひとつである「心の病気」と「発達障害」について解説します。心の病気とは何か、発達障害とは何か、なぜ不登校の原因のひとつになるのかについて知っていただければと思います。

そして、心の病気と発達障害にはどんな種類があるのか、どのような症状があらわれるのか、受診の目安、どういった治療をするのか、治療のための医療機関にはどんなところがあるかなどについて説明します。

## 心の病気が不登校を引き起こすことも

最近、さまざまなストレスを抱える子どもが増えています。ストレスによる影響として、日常生活に支障がでたり、身体症状があらわれたりすると、さらに精神的に不安定になり、何もやる気が起こらなくなったりします。

さらにストレスが溜まると、不登校や家庭内暴力、摂食障害などの症状としてあらわれ、いろいろな問題や障害を引き起こしています。

ストレスがかかると、大人の場合は、胃が痛む、頭が痛くなるなど、一定の身体症状があらわれることが多いようです。子どもの場合も症状は似ていますが、心身ともに未熟なことから、小さな症状であっても大きな苦しみのあらわれであることが多いといわれています。小さな症状にも早く気づき、身体症状の原因がストレスによる心の苦しみだとわかれば、適切な対応ができます。

子どもたちが感じやすいストレスと、それによって起こる反応には次のようなものがあります。

- 心配事があると胃が痛む。
- 気になることがあって何も手につかない。
- 傷ついたときに自分を過剰に卑下する。
- 嫌なことを思い出してイライラする。
- つらい出来事がフラッシュバックしてパニックを起こす。
- 不安が強く極端に甘える。

- 児童虐待から、自分も人も信じられなくなる。
- からかわれて興奮して暴れる。
- 恐怖を感じてジッとしていられなくなる。
- かんしゃくを起こして暴言を吐く。
- 悲しい気持ちが強く、憂うつで気力がなくなる。

## 不登校に関連するさまざまな心の病気

不登校そのものは病気ではありません。

しかし、不登校は心の病気のあらわれかもしれません。また、長期化すると、新たな病気が加わるかもしれません。

人前で話したり行動したりすることを怖がる社交不安症、手を何度も洗わなくては気がすまないなどの強迫症、気力を失って死にたいと思うようになるうつ病など、不登校を引き起こしやすい心の病気があります。

また、家庭内暴力や不眠、幼児がえり（退行）などの症状も大きな問題となります。

学校にいけなくなり家庭にひきこもることで生じる新たな葛藤が、さまざまな心の病気を生じさせることもあります。

強い不安の持続、強迫症状、気分の落ち込み、幻聴が聞こえる、奇妙なことを口走るなど、異常と感じられる言動があるときは、専門医を受診して治療していくことが大切です。

心の病気からくる不登校と、そうでない不登校の区別を親がするのは困難です。まずは専門機関に相談することです。

しかし、不登校の子どもは人とのコミュニケーションを避けていることが多いので、子どもが専門医の受診や専門機関への相談を拒否したら、まずは家族だけでも相談にいってみることをおすすめします。家族が子どもの様子を見て、そして子どもの話を聞いて、相談しにいくのがいいでしょう。

ここからは、さまざまな心の病気について、詳しく見ていきます。

# 心の病気① 分離不安症

分離不安症は、小学校低学年の子どもの不登校でよく見られます。

不安そうに親の手を握り、教師や友だちから話しかけられると親の背後に隠れようとします。親や家から離れることに強い恐れを示し、親が学校へ子どもを置いて帰ろうとすると、泣いて抵抗したり、親にしがみついて離れようとしなかったりします。

分離不安症には次のような症状があります。

- 親から離れるのを異常に嫌がる。
- 親の病気や死を異常に心配する。
- 親から引き離されることを心配する。
- ひとりで寝られない、自宅以外の場所で眠れない。

● 学校へひとりでいくことを嫌がる。

## 心の病気② 社交不安症

人前で話す、学校の授業中に教師に当てられて答えるといったことを恐れ、それらを避けようと必死になる病気を社交不安症といいます。

恥ずかしい思いをすること、目立つことを異常なほど恐れるのです。その結果、学校生活がつらくなり、あるとき学校を欠席しはじめます。学校や社会に対しては臆病でも、家庭では親に横暴に振る舞うこともあります。

社交不安症の主な症状は次のとおりです。

● 知らない人の前や注目を集めるところで話をすることを恐れる。

- 恥ずかしいことに敏感。
- 無理強いされると体を硬くして沈黙したり、泣いたりする。
- 人前を避けようと一生懸命になる。

## 心の病気③ うつ病

激しい気分の落ち込みが、短期間でなく数週間〜数カ月間続いて日常生活に支障がでます。

ストレスに敏感で、憂うつな気分になって暗い表情になり、ささいなことでひどく落ち込み、将来に対して悲観的になります。また、勉強や仕事の効率が極端に落ち、考えがまとまらないのが特徴です。

夜は寝つけなかったり、朝早く起きてしまったりすることがあります。自己評価が低くなり、

自殺願望を持つことがあるのも特徴のひとつです。
うつ病の主な症状は次のとおりです。

- 気分が憂うつで暗い表情になる。
- なんの希望も持てない。
- 強い不安感を抱き、意欲がわかない。
- 気力がなく、うれしい、楽しいという気持ちになれない。
- 集中力、注意力が散漫になり、疲れやすい。
- 眠りが浅く、途中で何度も目覚めたり、早朝に目覚めたりしてしまう。
- ささいなキッカケでひどく落ち込む。
- 頭痛や肩こりを感じる。
- 食欲不振、便秘、体重減少などがある。

## 心の病気④ 全般性不安症

不安症（不安障害）という病気の中にはいくつかの分類があります。その中で全般性不安症は、漠然とした不安を持ったり、未来の出来事に対する過度な心配を強く抱いたりする病気です。身体的な症状をともなうことが多く、緊張、イライラ、落ち着きのなさなども感じます。

神経質で繊細、心配性などの性格の子どもが、何かのストレスがキッカケで発症することが多いといわれます。結果として、不登校にもつながります。

全般性不安症になりやすい子どもの特徴と、全般性不安症の主な症状は次のとおりです。

全般性不安症になりやすい子どもの特徴。

- 漠然とした不安感を抱く。
- すぐにビクビクする。
- 不安でジッとしていられない。
- いつも落ち着かない。
- 不安感があって集中できない。
- イライラする。
- 疲れやすい。

▼▼▼

自律神経のバランスが崩れる。

▼▼▼

全般性不安症の身体症状があらわれる。

- 動悸、息切れ、肩こり、頭痛、めまい、腹痛、吐き気、頻尿、下痢、不眠

# 心の病気⑤ 適応障害

適応障害の原因は、親の不仲、親の離婚、弟や妹の誕生、生活環境の変化、病気やケガ、友だちとのトラブル、いじめ、転校、教師の不適切指導や体罰など、子どもを緊張させたり、脅かしたりする出来事です。

これらの原因となる出来事のあと、不安が急に大きくなったり、落ち込んだ気分が強まったりして、学校へいきにくくなるのがこの病気です。

外出できなくなったり、社会生活に対して強い不安感を抱いたりします。

適応障害の主な症状は次のとおりです。

- 気分が落ち込む。

- 食欲がなくなる。
- 強い不安感を抱く。
- 社会生活に参加できなくなる。
- イライラしてすぐに怒るようになる。

## 心の病気⑥ 強迫症

手洗いを繰り返したり、施錠を済ませたかどうかが気になったりして何度も確認してしまいます。中には、戸締りが気になって外出できなくなる人もいます。また、母親に何度も確認を求めるなどの巻き込みも生じます。

手洗いや施錠の確認にしばられて何もできなくなり、不登校になってしまうケースもあります。しかし、適切な治療を受けることで改善す

ることもあります。

強迫症の主な症状は次のとおりです。

- 手を何度も洗う。
- カギがかかっているか、何度も確かめる。
- 電気器具のスイッチを切ったか、ガスの火を消したか、何度も確認する。
- 寝る前に特定の行動をしないと眠れない。
- ある行動を、一定の順番でやらないと気が済まない。

## 心の病気⑦　統合失調症

思春期になると発症が増えてくる心の病気が統合失調症だといわれます。非現実的な考え方にとらわれたり、妄想や幻覚に悩んだりする人もいます。人によっては、他人に自分の心をのぞかれていると感じて、怖がるようになることもあります。そのため、社会性が乏しくなって、ひきこもりがちになるケースもあります。また、身だしなみに気を使わなくなり、髪型がボサボサになったりします。

外来での薬物療法や入院して集中的な治療を受けるなどの対処があります。

統合失調症には陽性症状と陰性症状があり、主な症状は次のとおりです。

陽性症状

- 焦燥感……イライラする。
- 激しい興奮……わけもなく興奮する。
- 奇異な行動……ひとりごとをいう、わけもなくニヤニヤする。
- 支離滅裂……話す内容や文章がめちゃくちゃ。
- 幻視……実在ではないものが見える。
- 幻聴……実在ではない音や声が聞こえる。
- 妄想……現実にはありえないことを信じこんでいる。誰かから危害を加えられる

と思う被害妄想、見張られているような気がする注察妄想、食べものに毒を入れられていると思う被毒妄想などがある。

陰性症状
- 表情が乏しい……感情があまり動かなくなる。
- 思考の貧困……話さなくなり、内容も乏しくなる。
- 活動が減る……部屋に閉じこもり、ぼんやりと時間を過ごす。
- 意欲の低下……入浴や洗顔などをしなくなり、身だしなみに気を使わない。

## 心の病気⑧ 双極性障害

気分の快活な躁《そう》状態の時期と、激しく気分が落ちこむうつ状態の時期が反復する心の病気です。落ちこんだ気分が長く続くうつ病とは別の病気です。

激しい躁状態をともなう場合を双極Ⅰ型障害といいます。躁状態ほどではありませんが、平常とは明らかにちがう自信満々な言動や多弁さなどが目立つ軽躁状態をともなう場合を、双極Ⅱ型障害といいます。

子どもの場合は、うつ状態が中心となりやすく、躁状態に気づかれないまま、うつ病と診断されてしまう場合が多いと考えられます。

双極性障害の主な症状は、躁状態の時期とうつ状態の時期が交互にくることで、それぞれ次のとおりです。

躁状態

- 睡眠時間が減り、あまりにも活動的となる。
- 一方的に話し続ける。
- 人の意見を聞かず、すぐに腹を立てて争いが増える。
- 根拠のない自信に満ち溢れ、行動的になる。
- 浪費が激しくなる。

うつ状態

- 眠りが浅く、途中で覚醒したり、暗いうちに目が覚めたりしてしまう。
- 表情が暗く、沈んでいる。
- 強い不安感を抱き、意欲がわかない。
- 気分が落ち込み、疲れやすい。
- 「死にたい」と口にする。

## 不登校と発達障害の関連性

発達障害とは、生まれつきの脳機能の不具合を意味します。

発達障害の特性は、不登校を生じやすくさせることがあります。なぜかといえば、発達障害の子どもは、集団に適応し、対人関係を結ぶことが難しい場合があるからです。そのため、そこから派生したストレス、いじめ、対人関係のトラブル、家族関係の問題など、さまざまなことが不登校のなりやすさを高めるのです。

多くの専門家が、心の病気や発達障害と不登校の関係性を調査、研究しています。

不登校は、小学生100人に約2人、中学生100人に約6人という割合で生じるといわれますが、そのうちなんらかの発達障害であると診断された割合は25%前後とする調査結果もあります。

発達障害の主なものには「ASD（自閉スペクトラム症）」「ADHD（注意欠如・多動症）」「SLD（限局性学習症）」「知的能力障害」などがあります。そのほかには、手先が不器用で運動が苦手な「発達性協調運動障害」などがあります。

医学的にはそれぞれに診断基準があり、障害特性の目立つもので診断されますが、多くの発達障害の子どもは、いくつかの障害特性を合わせ持っているといわれます。

発達障害の子どもに見られる症状の一例を次にあげます。気になる症状があるときは、専門医の診断を受けるようにしましょう。

- 言葉の発達が遅れている。
- 落ち着きがない。
- こだわりが強い。
- 衝動的な行動が多い。

- 他者の気持ちを推測できず、コミュニケーションがとりにくい。
- 言葉通りに受け止め、皮肉が理解できない。
- 集中力がなく、忘れっぽい。
- 文字を書くこと、あるいは読むことだけが難しいため学習の遅れがある。
- 自分の考えにこだわったり、衝動的に行動したりするため集団に適応できない。
- 音楽の授業でピアノの音を嫌がる（聴覚過敏）。
- 他の生徒に触れられるのを嫌がる（触覚過敏）。
- 非常に手先が不器用。
- 連絡帳やノートに書き写すことをしない。
- 宿題をよく忘れる。

## 発達障害の種類① ＡＳＤ（自閉スペクトラム症）

生まれつき対人交流やコミュニケーション能力に障害があり、こだわりが強く、感覚過敏などがあるのがＡＳＤです。

少し前までは、ASDの特性や症状、社会生活の困難さの重症度などによって、自閉症、アスペルガー症候群などと細かく分類されていましたが、現在ではそれらをまとめてASDと呼ぶようになりました。

空気が読めない、集団行動をしない、こだわりが強い、不器用、聴覚や味覚などの五感が敏感に反応してしまう感覚過敏などの症状があり、周囲とうまく交流できないといったことが特徴の発達障害です。知的な障害はない子どもから重い知的障害を持つ子どもまで様々ですが、興味の対象が極端に限られ、それにこだわる傾向を持つのは共通の特徴です。また、行動が自分流で友人関係を築くことが難しく、孤立しがちです。

ASDには次の3つの特徴があります。

- 社会的な相互交渉、対人交流の障害を持つ。

- コミュニケーションの障害を持つ。
- 活動と興味が極端に限られ、それにこだわる。

## 発達障害の種類②　ADHD（注意欠如・多動症）

ADHDには、不注意、多動性、衝動性の3つの症状があります。それらが12歳までにあらわれ、半年以上継続していることをADHDと呼びます。

原因は、生来的な脳の機能障害、神経伝達系の異常だと考えられます。児童の3～5％に見られ、クラスに1～2人存在すると考えられています。

ADHDの特性は次のとおりです。

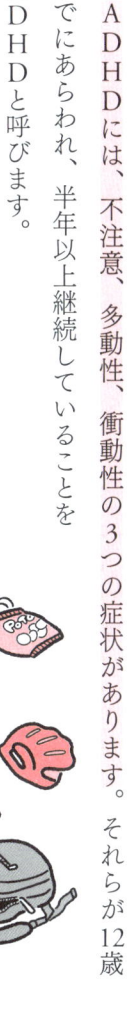

不注意

● 興味を引くものに次々と注意が移る。
● 忘れ物が多い。
● 興味がないことを我慢してやることが苦手。
● いろいろな刺激に反応してしまい、気が散る。
● ひとつのことに集中して作業が進められない。

多動性

● ジッとしていられず、動きまわることが多い。
● 椅子に座ると体の一部がクネクネ、プルプルとせわしなく動く。
● 絶え間なくおしゃべりする。
● 興味のあることには、すぐに首を突っ込む。

衝動性

● 思いつくとパッと行動に移す。

- 前述の行動ため周囲から突拍子もない反応と受け取られる。
- 人の話を終わりまで聞かずに口をはさむ。
- 衝動的に暴力をふるってしまう。

## 発達障害の種類③
## SLD（限局性学習症）

SLDは全般的な知的障害ではないのに、読み、書き、算数などの特定の学習分野で知能指数が示す水準に比べてかなりの遅れ（2学年以上）がでてしまっている状態です。

SLDの原因は脳の機能の障害とされており、「読み」の障害には「書き」の障害がともなうことが多いといわれています。

SLDの特性は次のとおりです。

- 文字や文章を読むことが難しい。
- 読めたとしても意味が理解できない。
- 言葉では話せるが書くことが困難。
- 文章が稚拙《ちせつ》なことが多い。
- 簡単な計算ができない。
- 前述のいずれかが、本人の知能の水準と不釣合に低い。

## 発達障害の種類④ 知的能力障害

知的能力障害は、その大半が小学校入学前に知的能力の全般的な発達の遅れを生じているものをいいます。なお、わが国の発達障害者支援法の対象に、知的能力障害は含まれていません。

文字の読み書きや抽象的な言葉を理解するのが苦手で、金銭感覚がなく、物事を考えるのが困難です。また、年齢相応の行動や周囲の状況に適応した行動をとれず、非常に幼い印象を受けることがあります。

知的能力障害は次のような状態です。

年齢相応の物事の概念を理解した行動が難しい。

- 言語の理解や表現、読むこと、書くことのいずれも年齢より未熟である。
- お金の役割や価値を十分に理解できない。
- 自分の健康や行動を適切に管理できない。

年齢相応の社会に適応した行動が難しい。

- 人間関係を上手に築けない。
- 年齢から期待される責任を果たせない。
- 人にだまされたり、あやつられたりしやすい。
- 法律や規則の意味を十分に理解できない。
- 自分の身を適切に守れない。

実際の生活に適応した行動が難しい。
- 食べる、歩く、排泄する、衣服の着脱などの生活習慣が年齢相応に自立できていない。
- 公共の乗り物に乗ることが難しい。

## 知的能力、認知能力を調べる心理検査

### ①WISC-Ⅳ

児童、生徒を対象としたウェクスラー式の知能検査。5歳0カ月～16歳11カ月の子どもを対象にした、世界でも広く利用されている代表的な児童用知能検査です。

全体的な認知能力をあらわす「全検査IQ（FSIQ）」と、「言語理解」「知覚推理」「ワーキングメモリー」「処理速度」の4つの指標得点を算出します。全検査IQは補助検査を除いた10検査の評価点合計から算出します。

なお、現在はWISC-Ⅴが世にでていて、徐々に移行しつつある過渡期にあります。

## ②Ｋ－ＡＢＣ－Ⅱ

Kaufman, A.S. & Kaufman, N.L. により１９８３年に作成されました。

子どもの知的能力を、認知処理過程と知識、技能の習得度の両面から評価します。そして、得意な認知処理様式を見つけ、それを子どもの指導、教育に生かすことを目的としています。適用年齢は２歳６カ月から18歳11カ月です。

## ③ＤＮ－ＣＡＳ

Luriaの神経心理学モデルから導きだされたJ. P. Dasによる知能のＰＡＳＳ理論を基礎とする、新しい心理検査。

ＡＤＨＤ（注意欠如・多動症）やＳＬＤ（限局性学習症）、高機能自閉症（ＡＳＤの軽症型にあたる）などの子どもたちに見られる、認知的偏りの傾向をとらえることができ、その援助の手がかりを得るために有効です。

# 発達障害の種類⑤ 発達性協調運動障害

発達性協調運動障害の「協調運動」とは、手と足、目と足など別々に動く機能を目的に応じて同時に動かす運動のことです。たとえば、縄跳びや、ボールを目で追いながら足で蹴るといった運動です。発達性協調運動障害は、日常の動作での協調運動がぎこちないのが特徴です。ASD、ADHD、SLDの子どもによく見られるともいわれます。

乳幼児期に、座る、這《は》う、歩くなどの運動発達が遅れていることで気がつくこともあります。成長にともない、ハサミや箸《はし》が上手に使えないなど手先が不器用、運動神経がにぶい、身体の柔軟性がないなどという症状が気になって発見されることもあります。

発達性協調運動障害には次のような特徴があ

ります。

幼児期における年齢相応の日常生活や運動が難しい。

- ハイハイや歩行がぎこちない。
- 服のボタンをはめる、ファスナーをあげるといったことが苦手。
- 転んだときに手が出ないで顔から転ぶ。

小学生における年齢相応の日常生活や運動が難しい。

- 靴ひもを結べない。
- ボール遊びが苦手。
- 文字をマスの中に入るように書けない。

## 発達障害のリスクファクター

リスクファクターとは、ある特定の疾患や障害を発生させる確率を高めたり、進行させる確率を高めたりする要素のことです。発達障害のリスクファクターについては、まだはっきりとしたことがわかっていませんが、次のようなことが影響しているのではないかと考えられます。

- 家族に同じような傾向の人がいることが多い。
- 妊娠中の母親の喫煙。
- 父親の喫煙による妊娠中の母親の受動喫煙。
- 遺伝要因。
- 低出生体重や早産、新生児仮死といった、周産期（生まれる前後数カ月間）の異常事態。

## 心の病気と発達障害に関連した不登校

心の病気と発達障害に関連した不登校の状態は3つの群に分類することができます。
厚生労働科学研究費補助金こころの健康科学研究事業の『ひきこもりの評価・支援に

関するガイドライン』を参考に、それぞれ詳しく見てみましょう。

【診断と支援方針に基づく不登校の分類　第1群】

## 医学的治療をまず検討すべき心の病気

（統合失調症、うつ病、双極性障害、不安障害など）

第1群は不登校の子どもの中でも、医療による治療が必要な心の病気で、発達障害を併存してはいない群です。

心の病気の種類としては、統合失調症、うつ病、双極性障害、不安障害などで、小中学生には少なく、高校生に近づくにつれて増えていきます。

統合失調症、うつ病などの心の病気にかかっているときは、その心の病気への対応を先にして、適切な診察を受けましょう。精神科医療機関での薬物療法と精神療法の併用が有効だと考えられ、統合失調症、双極性障害、うつ病などの症状が顕著なときは、入院治療が必要になることもあります。

もし、これらの病気に起因する不登校が長引くようなら、生活支援が必要になる可能性もあります。あるいは、精神保健福祉法に基づいて設置された社会復帰施設や、障害者自立支援法に基づいた支援体制などの活用を考慮する必要がある場合もあります。生活の改善や考え方の偏りを修正し、問題を解決していくと回復していくこともあります。

- 統合失調症、うつ病、双極性障害、パニック症など不安障害の一部といった心の病気からくる不登校。
- 薬物療法などの生物学的治療が不可欠、またはその有効性が期待される。
- 心の病気が軽快してきたら、フリースクールなど中間的な居場所への参加や学校とのつながりを焦らず築いていく。

【診断と支援方針に基づいた不登校の分類　第2群】

## 発達障害（ASD、ADHD、知的能力障害など）

第2群は、ASD（自閉スペクトラム症）、ADHD（注意欠如・多動症）、知的能力障害などの発達障害と診断される群です。

この群の不登校の子どもには、発達障害の特性に応じた教育的な支援や、放課後等デイサービスでのソーシャルスキル・トレーニング、生活支援などの取り組みが必要です。

発達障害の人は、社交不安症、分離不安症、強迫症などの二次障害を併存することが多く、それらの治療が必要となるケースも多いです。発達障害や二次障害の治療については後ほど詳しく説明します。

発達障害の基本的な特性が、不登校へのなりやすさを高めていると考えられる場合、ＡＤＨＤの治療薬による薬物療法など医療機関での治療や支援が必要になります。治療のひとつである薬物療法は、発達障害そのものを対象にする場合と、二次障害を対象としておこなわれる場合とがあります。

また、福祉的支援が必要なときは、市区町村の担当窓口、児童相談所、多くは民間となりますが指定障害児相談（支援）事業所などの相談支援機関を活用し、生活支援を求めましょう。

- 発達障害の特徴を持つ不登校。
- 発達障害の特性に応じた教育的な支援や、ソーシャルスキル・トレーニング、生活支援などの取り組みが必要。
- 医療機関での治療、福祉的支援が必要となることもある。

## 【診断と支援方針に基づいた不登校の分類　第3群】

# その他の心の病気

第3群は、第1群と第2群に属さない心の病気や、心の病気とは診断がつかない不登校をさす群です。また、第1群の軽症のうつ病や不安症などが主な病気と診断され、薬物療法が無効、あるいは不要で心理的支援、社会的支援が中心になるものも含まれます。

この群の子どもには、精神療法的アプローチ、適応指導教室やフリースクールなどの居場所への参加などが対処の中心になります。そのためには、医療機関、教育分野の相談支援機関、カウンセリング機関、青少年育成に関する相談支援機関、民間支援団体などによる治療や支援を活用すべきです。

- 第1群と第2群に属さない心の病気や心の病気とはいいきれない子どもの不登校。
- 精神療法的アプローチ、適切なタイミングでの居場所の紹介が対処の中心。

これら3つの分類について注意しなくてはならないのは、心の病気や発達障害の診断名によって、機械的にどの群に分類すべきかが決まっているわけではないということです。あくまでも、専門家と一緒にその子の状態を見て適切な対応をし、症状の全体像をよく見ることが大事です。さまざまな支援がありますから、もっとも適合している群に分類すべきとされています。

## 専門医を受診する目安

くり返しになりますが、不登校は現象の名前であって、病気を意味していません。単に、学校にいけなくなった状態をあらわした言葉です。ですから、心の病気や発達障害の症状を持った子どもから、まったくそうでない子どもまで、そのきっかけや背景はさまざまです。そのため、個々に合わせた対応が必要とされます。

子どもの状態に応じて、教育相談機関に相談する、医療機関を受診するといったことも考えましょう。そして、病気や障害があるならば、その治療や支援をどうするか、家庭環境や生活の状態を変える必要があるならば、それにどう取り組んだらよいか、適切な対応を話し合いましょう。

子どもの精神状態や不登校中の様子が、次第に深刻になっていく傾向があったら、医療機関への受診が必要だと考えましょう。

不登校に心の病気が関係しているのに、重大な症状が表面からは見られず、周囲の人が気づかないうちに進行してしまうこともあるので注意が必要です。対人恐怖症や強迫症などの精神症状が強まる、家庭内暴力が激しくなった、家族とさえコミュニケーションをこばむようになった、部屋の中で独り言をいったり笑っていたりしているなど、以前と比べて深刻な状態になったと気づいたら、それは受診すべきタイミングです。

## どこに受診すればいい？

心の病気や発達障害が不登校の原因のひとつとなっていると考えられる場合は、まずは心の病気や発達障害に対応することからはじめます。適切な医療機関を選びましょう。

小中学生ならば小児科や児童精神科、高校生ならば心療内科や精神科を受診するのがいいでしょう。専門医は、まず何が起きているのかを聞き取り、必要な検査をおこない、診断をします。そのうえで、適切な対応を親や子どもと話し合いながら決めていきます。

受診する医療機関を探すときは、インターネットやSNS、本で探したり、口コミを期待して周囲の人に聞いてみたりするのがいいでしょう。そして、事前に電話をして、不登校の子どもを診察してくれるのかどうかを聞くことも大切です。また、地域によっては、教育相談機関や保健所などが医療機関を紹介してくれることもあります。

精神科、児童精神科、小児科などの医療機関はたくさんありますが、通院に便利なところがいちばんいいでしょう。そして、不登校についての知識があること、不登校の事例をあつかった経験のある医師を選びましょう。

適切な医療機関を選び、本人の様子に合わせて受診してみましょう。

なお、「精神科を受診するのは抵抗がある」という場合、あるいは子どもを連れて受診ができない場合は、学校や教育センターなどに問い合わせ、電話相談部門がある機関を紹介してもらいましょう。

電話相談で可能なのは、情報提供、家族指導などです。電話相談では、一般的な相談はできますが、子どもの状況を細かく伝えることが難しいこともあります。電話相談は情報を得るために利用するのだと考えましょう。より深く相談するには、でかけていって対面で相談しましょう。

## 子ども自身が受診するまで

不登校は、子どもごとにいろいろな原因が複雑に絡み合い、経過や状況もそれぞれちがいます。なので、なんらかの治療が必要になった場合でも、その内容や流れも個々でちがいます。

最初のうちは、当事者である子どもが進んで受診に同意することはまれです。それは子どもが、大人から不登校を責められ、登校を迫られるのではないかと恐れているからです。**まずは家族が専門家に相談をすることからはじめましょう。**素人が病気かそうでないかを判定するのは難しいので、できるだけ客観的な情報を伝え、精神保健的な評価と支援について専門家と話し合っていきましょう。

しかし、残念なことに、医療機関で保険診療を受けるには、少なくとも初診の際に必ず患者本人が受診しなければなりません。初回は親が協力して子どもをともなって受診しましょう。2回目からは親だけの相談の回が混じることが可能になりますので、主治医と相談してください。初回に本人をともなえない場合は医療機関ではなく、教育センターなどの相談機関へ親だけでいきましょう。

受診する目安は、家庭にとどまる子どもへの対応に親が困惑することが増えてきたり、子どもの様子に親が強く不安を感じたり、不登校が長期化してこのままでよいのかと親が心配になったときです。

# 子どもに通院を促すときの注意点

なんとか本人を受診させたいと考えると、「ちょっと近所に買い物にいこう」「今日は大事な用事を手伝ってほしい」などといって、半分だますように病院に連れていく親がいますが、それはやめましょう。

だましたり、交換条件や取引のようなやり方をしたりして連れていっても、親への不信感を強めてしまうだけです。無理やり通院させても長続きしません。そのため不登校を乗り越えることもありません。率直に話して通院をすすめましょう。

次のような言葉がけを参考にしてみてください。

- もし本人が「いきたくない」といったら、「家族だけでもいってくる」という。ただし、その場合は医療機関ではなく、相談機関となることは伝えておく。
- 「あなたのことが心配だから相談にいってみよう」と誘う。
- 「あなたの悩みを専門家と話し合ってみないか」と通院を誘導する。

10
1 2 3 4 5
6 7 8 9 10 11 12
13 14 15 16 17 18 19
20 21 22 23 24 25 26
27 28 29 30 31

- 家族だけが通院する際、必ず「相談にいってくるね」などと本人に声をかける。
- 次の受診はいつになるかは、帰宅したら本人に伝えておく。

## 心の病気と発達障害の治療法

ここからは、不登校に関わりのある心の病気や発達障害の症状の治療法についてみていきます。子どもの状態に合わせて医師が診断し、治療をおこないます。

### 心の病気の治療法① 個人心理療法

心理療法とは、子どもの社会生活への復帰を、対話、傾聴、カウンセリングなどによる心理面でサポートしていく治療法です。

小学校低学年であればプレイセラピーや認知行動療法、小学校高学年から中高校生であれば、支持的精神療法、認知行動療法、集団療法など、さまざまなものがあります。

最初に、現在、子どもが家庭にとどまっていることをそのまま受け入れたうえで、そうした生活の中で考えたり、感じたりしていることを語り合います。そうすることで子どもに、心理療法は自分を叱ったり、責めたりする場ではないこと、自由に思うことを語れる場であることを知ってもらいます。

そして、子どもが自由に思うことを語れるようになり、自分から将来について語りはじめてから、子どもへの具体的なサポートを開始するのです。このあたりを支援者はけっして焦ってはいけません。

子どもに心理療法が自由に語れる場であることを知ってもらったら、子どもに自分の気持ちを実感してもらったり、それを大人に承認されたりする経験を重ねてもらいます。また、社会生活に復帰したときにやりたいことがあれば、それを実現するために必要なことを一緒に考えたり、子ども自身が考えをまとめられるようにサポートし

たりします。

外来通院による回復が見られず、不登校が長期におよび、自傷行為や自殺願望などが激しくなったり、イライラを家族に激しい暴力でぶつけ続けるようになったりしたら、入院治療を検討する必要もでてきます。

入院の目的のひとつは、幼児返りや家庭内暴力などで悪循環に陥った家族関係からいったん離れ、子どもが家族以外の人との対人関係を再開させることにあります。また、昼夜逆転してしまった生活のリズムを取り戻し、規則的な生活が送れるようになれることも入院治療の強みといってよいでしょう。

さらに、院内学級での学校体験も、無理のない社会復帰へ導く助けとなります。院内学級とは、長期入院している子どもが治療を受けながら学べるように、病院内に設けられた学級です。全ての病院に設けられているわけではないので、入院する前に病院に確認してください。

# 心の病気の治療法② 集団療法

集団療法とは、不登校の子どもたちと専門のセラピストからなる小さな集団をつくり、談話をしたり、スポーツやゲームなどの活動をしたりすることによる集団におけるメンバーの相互作用を利用した精神療法です。相互作用とは、互いに働きかけ合って影響をおよぼし合うことです。

セラピストは参加者ひとりひとりの様子を見守りながら、信頼感や安心感のある談話ができるようにサポートしていきます。

参加者同士は談話による相互作用によって、お互いに影響をおよぼし合います。それにより、次のような効果が期待されます。

- 他人とのつながりや交流を体験する。

- 他人と共感し合う交流を体験する。
- 自分に対する理解を深め、現在の自分を受け入れられる。
- 他人との交流に積極的に関われるようになる。

これらの効果は、不登校を乗り越えるために必要な集団への恐れや抵抗感を克服し、自己理解や社会への興味を高めるのに役立つでしょう。とはいえ、集団療法をおこなえば、すぐに不登校を乗り越えられるわけでもありませんし、向き不向きもありますから、子どもの様子を見ながらおこなうことが重要です。

## 心の病気の治療法③ 薬物療法

精神科、児童精神科、心療内科では、不登校の原因になっている心の病気、または不登校になったストレスにより発症した心の病気の診察をおこないます。そして、心の病気であると診断されて、改善するのに適している薬がある場合は、医師から薬物療法をすすめられることもあります。もちろん、直接に不登校を乗り越えられる薬があるわけではありません。そのことを、家族と子ども本人は十分承知していなければなりません。

家族や子どもは、医師から薬物療法をすすめられた場合、その薬を服用したときにどんな効果が見込まれるのか、また、どんな副作用があるのかなど、納得がいくまで説明してもらいましょう。

心の病気に使われる薬には、抗うつ薬、抗精神病薬、などがあります。また、不登校やひきこもりのはじまりに発達障害（ＡＳＤやＡＤＨＤ）の特性が関わっている場合には抗精神病薬の一部やＡＤＨＤ治療薬が使われることもあります。

ただし、服用によって、たちまち不登校を乗り越えられるといった「魔法の効果」を期待してはいけません。薬物療法は、あくまで子どもの心の病気に対して効果を発揮するだけであることを承知してください。心の病気のほかに、頭痛や腹痛、不眠、

下痢などの身体症状があれば薬で改善しながら、同時に不登校を乗り越えるための支援に取り組んでいくのです。

薬物療法は医師の指示にしたがうのが原則です。専門医を受診して、診断を受けないと薬は使用できませんし、薬物療法の開始も終了も医師の指示にしたがいましょう。

薬の中には、適応外使用となるものがあります。適応外使用とは、適応承認がされていない使い方をすることです。承知していなければならないことは、子どもの心の病気に対する薬物療法の大半が、成人の心の病気で効果が認められて承認された薬の適応外使用であることです。なぜその薬を使うことをすすめているのか、医師の考えを聞き、納得できたら子どもに服用させましょう。

なお、薬物療法には、副作用が生じることがあります。めまい、体調不良、吐き気、便秘、下痢、発熱などの副作用があらわれたら医師に相談しましょう。

副作用によっては、ただちに服用を中止すべきものと、様子を見ながら次の診察時に相談するのでよいものがあります。また、抗うつ薬のように服用を急に中止してはいけないものもあります。主治医と前もってよく話し合っておきましょう。

# 第5章

# 不登校の子に家族ができること

この章では、「子どもが不登校を乗り越えるために、親や家族ができること」について考えます。第1章～第4章で解説したことをふまえて、不登校になった子どもに親や家族が寄り添い、手を差し伸べるための方法を紹介します。

親がついやってしまいがちな言動にも触れながら、親に必要な心構えや考え方、子どもの気持ちの受け止め方、親子間の信頼の築き方、家族へのフォローのし方などについて具体的に見ていきましょう。

また、子どもとの関わり以外にも、親に必要な社会との関わりや、家族で受ける「家族療法」についても解説します。

## 責任を感じて家族だけで解決しようとしない

なんの問題もなく学校に登校していたはずのわが子が、あるとき登校しなくなったら、親としては心配になったり、親としての挫折感を覚えたりするでしょう。

子どもも自身もどうしたらいいかわからなくなり、自分の現状を悲観したり、苦しんだり、腹を立てたりします。すると、子どもが悩んでいることにさらに責任を感じて、「親としてなんとかしなければ」と考える人も多いと思います。

しかし、家族だけで努力するのは適切な対処とはいえません。親が熱心に手助けしたり、過剰に心配したりすればするほど、子どもは心を閉ざしたり、激しく反発したりします。親が登校させることに夢中になればなるほど、子どもは殻にこもっていくものです。

不登校になった子どもは、家族以外は誰とも話さず、外出もせず、自分の部屋にこもっている生活が続きます。すると、学校を含む社会との接点は極端に減ってしまうことになります。考え方は偏りがちとなり、誰の意見も受け入れがたくなるのでは……と親は心配になります。

小学校低学年の間なら、親が間に入ることで対人関係能力を保つこともできるでしょう。しかし、小学校高学年、中学生、高校生、大学生……と年齢を重ねていくと、親の介入をこばみ、社会をこばむ姿勢が目立ってきます。そうなったときには、とにかく根気よく見守り、無理に話を聞きだそうとしないことが大切です。

自分の部屋にこもった生活が続けば続くほど、社会との接点がますます減り、社会復帰の壁は高くなっていきます。子ども自身が社会との接点や、相談相手を求める日のために、親自身が社会に心を開いている必要があります。

学校の教師、医師、カウンセラーなどに協力をあおぎ、周囲の人と一緒に解決策を探すようにしましょう。ただし、友人などの同年代の子どもに協力をあおぐのは、かなり難しいことなのでやめたほうがいいでしょう。よかれと思って協力してもらっても、後に子どもが自ら動きだしたときに、むしろ障壁になってしまうことが多いようです。

## 不登校は親の責任か

子どもが学校にいけなくなってしまったとき、「私の育て方が悪かったのでは」「親である自分に責任があるのでは」と感じ、これまでの子育てを省みることがあるかもしれません。

では、子どもが不登校になりやすい家族というのはあるのでしょうか?

無関心、厳格、優しすぎ……さまざまなタイプの家族があり、「過干渉の母親」と「無関心の父親」という組み合わせが、不登校の子どもの家族の典型だといわれることがあります。しかし、過干渉の母親と無関心の父親は日本の家族の典型的な傾向だと考えられ、不登校の子どもがいる家族の特徴とはいえません。

では、たっぷりと愛情を注いでいれば、不登校にならなかったのでしょうか。

不登校に、親の愛情不足は関係ありません。

しかし、子どもを思い通りにしたいという気持ちは関係があります。「あなたのため」という親の理想の押しつけが、子どもの自信と独立心をどれだけ奪っているか考えてみましょう。

親は子どもの気持ちに寄り添って共感することが大事です。子どもへのいたわりや温かい態度が重要です。親は子どもに対して次のような点を心掛けてください。

- 親子関係で問題が生じたとき、自分にも反省すべき点があることを認め、振り返りましょう。
- 問題が生じてしまった子どもの気持ちと状態を受け止め、認めてあげましょう。

- 不登校の原因探しをしないで、これからのことを考えましょう。
- 焦らずに子どもを見守りましょう。
- 子どもが動きはじめたら、家族みんなで協力しましょう。

不登校は子どもも親も、たしかに痛手となるでしょうし、家族にとって大きな試練です。しかし、もし家族に問題があると感じるなら、これは家族が変わり、進化できるチャンスだと思い、問題に取り組んでいきましょう。

## 子どもには心と体のお休みが必要

不登校を続けていると、子どもは、学校への拒否感と一緒に、休むことへの罪悪感が強くなっていきます。学校へいきたくてもいけない、という強い葛藤を抱えているのです。

そうした葛藤を理解し、もしそのつらい気持ちを子どもから話しはじめたら、きちんと耳を傾けましょう。そして、期限をつけない「心と体のお休み」を認めましょう。

不満や悩みを持っている子どもは、心を閉ざしています。人との関わりや会話が少ないと、子どもはどんどん自分だけの考えに凝り固まってしまいます。

そこで、もし子どもが何か話したそうにしているときには、話を聞く姿勢を示し、子どもの話を安易に批判せず、そのまま受け止めることを心がけましょう。

大事なのは、学校にいかない原因を聞きだそうとしたり、追及したりするのではなく、子どもの悩みに耳を傾け、そのつらさを受け入れることです。

不安や失望、反発、落ち込みなどの気持ちを批判せずによく聞いていると、子どものかたくなな心も少しずつほぐれていきます。子どもが話したいと感じているタイミングを逃さず、耳を傾けて子どもの話をじっくり聞きましょう。

一番身近な大人に悩みを聞いてもらうことで、子どもは心理的に楽になり、家庭内ではリラックスして過ごせるようになります。

なお、中学生など年長の子どもは、暴力的な言動をする可能性があります。そんなときには、親にあたらないといられない子どもの気持ちを理解しましょう。そのうえで、暴力では楽にならないこと、暴力をふるわれては親も一緒に考えてあげられなくなることを、静かに、はっきりと伝えます。

# 叱咤激励は逆効果

子どもに向き合うとき、子どもの気持ちを承認し、全面的に受け入れている姿勢を見せないと、子どもの心には響きません。子どもの気持ちを無視して、ただ励ますだけでは反発したり、萎縮したりしてしまいます。

子どもがせっかく家族と話をしようと思っても、叱咤激励されるばかりでは、子どもは自分の気持ちを受け止めてもらっていると感じることができません。共感なしの励ましは、子どもにとっては苦しみになることも多いのです。

大人はつい、先を考えてあれこれいってしまいますが、励まされれば励まされるほど、子どもは反発と葛藤を強め、その結果として不登校状態を強めてしまいます。

激励は親の焦りのあらわれです。大人が自分の気持ちを押しつけていると、子どもに受け入れてもらえません。叱咤激励はむしろ逆効果だと認識し、まずは子どもの話を十分に聞くことが大切です。

親が子どもの悩みや不安に共感し、子どもにとって安心できる存在になることが、子どもが不登校を乗り越えるための第一歩になると心得てください。
親は子どもに何かをいう前に、「これは自分の不安を消すために、いおうとしているのではないか？」と自らに問うてみましょう。

## 子どもが親に依存的であることは自然なこと

不登校になると、子どもは家族以外の人とほとんど接触しなくなります。他人とコミュニケーションをとらず、親や兄弟姉妹としか話をしなくなると、たちまち幼児返りが起き、依存的になります。特に母親には、幼児のように甘えるようになります。

こうした依存関係を、まずはきちんと受け入れます。子どもが親や家族に依存的になるのは自然なことだと思いましょう。大切なのは、依存は受け入れながら、ノーというべきときには、「ノー」とはっきりいうこと、そして親もまた子どもによりかかっていないかを振り返りましょう。

不登校の子どもがいると、特に母親は意識がその子に集中し、心配しすぎて気を遣うことも多くなります。

しかし、家族のバランスが崩れるほど生活を変えてはいけません。ほかの兄弟姉妹への対応がおろそかになったりしないよう、ひとりひとりを大切にする必要があります。子どものいいなりにならずに、家族が明るく支えていけば、子どもも少しずつ余裕を取り戻します。

また、子どもが母親に依存するようになると、父親が母親を非難することが起きやすくなります。父親は、母親に依存したくなる子どもの状態をよく理解し、子どもの問題に当事者意識を持ち、子どもを受け止めている母親を支えるようにしましょう。

具体的には、父親は母親の話を聞いて、その苦労を理解しましょう。そして、父親はときどき母親を家から連れだしたり、母親がひとりで過ごせる時間を提供したりして、母親がリフレッシュできる時間をつくることに協力しましょう。

両親が手を結び、信頼しあっている姿は、子どもを安心させます。そんな家族の変化を感じると、子どもが動き出しやすくなります。

わが子が不登校になると、責任を感じて家族が落ち込んだり、子どもに巻きこまれて親も不安定になったりする時期が必ず生じます。しかし、家族がいつも通りの生活をして、自分自身の生活を大事にすることで、子どもが不登校を乗り越えることにつながっていくのです。

こうした変化は、いつでもゆっくりと進んでいくものです。焦らないでいきましょう。

## 多様な夢を前向きに受け止める

自分の進路がなかなか決められないまま、不登校になってしまうケースもあります。順調に社会生活を送ってきた大人から見ると、進学や就職を自分で選択する、あるいは親の希望に沿うような進路に進むことは、当たり前に感じられるかもしれません。しかし、子どもが自分の意思で進路を決められなかったり、親の希望するような進路を選択しなかったとしても、一方的に批判したりせずに支援をしていただきたいと思います。

将来の見通しを得られず、不安になって不登校になってしまう子どももたくさんいます。本人が自分らしい人生を探しだすところまで、焦らずに、子どもを受け入れ、支えていきましょう。

価値観の多様化とともに、進路や就職先の選択肢も多様化しています。ここにその一部をご紹介しましょう。夢物語だと思わずに、心に留めていただきたいと思います。

### ●いい大学をでていい会社に勤める

終身雇用が当たり前でなくなった現代、「いい大学」「いい会社」が安定した人生につながるわけではありません。しかし、自分の力を信じ、能力を活かすために名門大学や有名企業に進みたいと願うのは自然なことです。また、今は副業が推奨されている時代です。副業で稼いでいる人も多くいます。

### ●小さくても自分の会社を設立する

現代は誰もが簡単に起業できる時代になりました。自分の特技やキャリアを生かして起業して、成功したという人が多くいます。また、やりたいこと、好きなことをして収入を得るという目標はとても素晴らしいことです。そのために、会社を設立する、個人事業主となるといったことは選択肢のひとつとなります。

## ● 旅行をして見聞を広めたい

昔に比べ、国内旅行も海外留学も簡単になりました。遠く離れた場所にいても、SNSなどを使えば親子で容易に連絡を取り合うこともできます。大人からすると「フラフラしている」ように見えますが、家から離れて過ごした経験、旅先での出会いや体験、自分で計画を立てて実行できた自信などは、その人を豊かにするものです。

## ● ボランティア活動をする

収入にならない非生産的な選択に感じられますが、子ども本人が「本当にやりたいこと」を見つけられる可能性を秘めています。社会貢献に取り組む中での、他人との交流、人のために額に汗して働く快感、自分を必要としてもらえた体験などをとおして、将来の仕事につながる発見や有益な出会いがあるかもしれません。

### ● 興味のあることを研究する仕事をしたい

研究職はお金にならないイメージはあるものの、ひとつの物事に没頭しやすい子どもには向いていると考えられます。研究というと理系のイメージがありますが、現代はさまざまな分野または企業で研究がおこなわれています。具体的にどのような研究職があるのか、よく調べてみるとよいでしょう。

### ● 家業や親戚の仕事を継ぎたい

実家の店、親がしている職人仕事、祖父母が営む農業、親戚が経営する会社など、子どもは身近な大人の仕事に興味を持つことがあります。逆に、その仕事のつらさや苦労を知っていて、「やりたくない」という子どももいます。親としても「自分と同じ苦労をさせたくない」と考えたりもするでしょう。しかし、親子で不登校を乗り越え、子どもが自発的に興味を持ったのであれば、手伝いや共同作業の中から、新しくて前向きな親子関係が生まれるはずです。

### ● 温かい家庭をつくりたい

人生をともにするパートナーとの出会いは、人生の大きな転換点でもあります。温かい家庭をつくり、守っていくための努力や活動に積極的に取り組めるようになれるでしょう。主夫、主婦という選択肢もありますし、共働きも当たり前の時代です。性別問わず子どものうちから家事に触れる機会をもち、将来的に自立して生活する能力や、パートナーと家事を分担して家庭を築ける力を養っておきたいものです。

## 子どもの心は傷ついている

子どもが外に出たがらないときは、いきなり原因を追及したり叱ったりせず、子どものペースを受け入れましょう。逆に、「がんばれ」などの安易な励ましの言葉は控えましょう。

子どもは「がんばりたい」と思っていてもできないのです。それなのに、「がんばれ」といわれると子どもの心は傷つき、萎縮してしまいます。あわてず、まずは子どもの気持ちを理解することを心がけましょう。

親がいちばん気になるのは、学校にいけない原因だと思います。つい質問攻めにして、追及してしまうことがあるでしょう。しかし、原因は子ども自身にもわからないことが多く、問いただされると、責められたと感じてしまいます。

**子どもを傷つける言葉**

- どうして学校にいけないの？
- とにかく今日だけ登校しよう。
- あなたの将来が心配。
- そんなに休むなら退学すれば？
- メンタルが弱すぎる。
- あなたはがんばっていない。
- 本当にお腹が痛いの？
- がんばれ！

子どもに伝えたいこと

- **あなたのよいところを探そう**……自分の長所を探そう。これまで楽しかったことを思い出そう。自分のことをほめてくれた人、応援してくれた人を思い出そう。
- **手足をのばそう**……体の力を抜いて手足をのばそう。すると心も体も楽になる。
- **信頼できる人に相談しよう**……家族や身近な人と話すと心が軽くなる。自分がどんな立場なのか、人からどう見られているかを知ることもできる。家族に話したくなければ、話せる相手に話せばいい。
- **気分がいいときに外に出よう**……学校でなくても、いける範囲で外出してみよう。

## 家族に完全に心を閉ざしているとき

不登校になってしまった子どもの多くは、自己否定感があり、自分のことをダメな人間だと思っています。

家族がどんなに助言をしても、寄り添っても、受け入れないケースもあるでしょう。責任を感じ、必死になって外出を促したり説得したりする人もいれば、逆に、子どもを信じてただ待つ人もいるかもしれません。

子どもが家族を受け入れられないのは、叱られることを恐れているのかもしれませんし、指図をされるのを嫌っているのかもしれません。そんなときこそ、子どもの心を開こうと無理にすり寄るのではなく、ひとまず現状を受け入れたうえで、親子関係、家族関係を見直したり、専門機関に相談したりすることを考えましょう。

# 食事を自分の部屋でしたいといわれたら

食事は家族が顔を合わせる大事な時間です。たとえ、まったく会話がなくても、家族がそろって食事をすると、子どもの気持ちが安定しやすくなります。

不登校が長期化している子どもは、家族とも顔を合わせたがらないケースが多く、食事も自室でとるということが少なくありません。しかし、食事はできるだけ家族一緒にとるようにしましょう。

もし、子どもに「別々に食事をしたい」といわれたり、食事の時間に顔を見せず、わざと時間をずらしたり、自室で食べようとしていることがわかったら、まずは理由を尋ねてみます。「家族の態度」が理由で一緒に食事をしたくないなら、家族みんなで話し合いましょう。大事なのは、子ども本人の気持ちが楽になるように協力する姿勢です。

それでも拒否されたら、それ以上は深追いをせずに、食事を運んであげながら子どもの気持ちがほぐれるのを待ちましょう。

## まずは家族が支援を受ける

第4章でもお伝えしたように、不登校の子どもは、自分から相談にいったり、通院したりというような行動を起こすことはなかなか難しいようです。それは、「親や教師をはじめとする大人は自分に対して怒っている」という恐れが大きいからです。また、病院やクリニックなどの医療機関は、親だけで診療を開始できないシステムになっています。

そこで、まずは家族だけでも、教育センターなどの教育機関、保健所や精神保健福祉センターなどの保健機関、児童相談所や発達障害者支援センターなどの福祉機関などに相談にいき、必要に応じて専門家の適切な対応や指導を受けましょう。さまざまな相談場所がある中で、自分の子どもの状態に合った機関を探して、相談してみることが大切です。

親が外部に相談をすることで、家族の思いや不登校になった子どもへの接し方が変わるはずです。そうして親や家族が少し変わるだけでも、子どもの心は変わりはじめ

ます。

自分のことで親が相談してくれているのを知ると、子どもは親を信頼してくれます。そして、親が通っている相談機関も信頼して、その相談機関に通うようになるケースもあります。そうなれば、相談機関の専門家に支えられながら、子どもの中で社会への関心が育まれていくことでしょう。また、専門機関へ通いはじめると、定期的な外出をすることになり、社会生活に参加するきっかけにもなります。さらに、児童精神科などの医療機関の診療を受けたほうがよい症状の子どもが、その症状を「なおしたい」と望むようになる場合があります。そうなれば、医療機関への通院も可能になるでしょう。

## 家族の関係を見直す「家族療法」

親は、子どもを変えることばかり考えず、自分の家族について考えてみましょう。どういうことかというと、子どもの不登校が親を立ち止まらせ、家族の新たな関係、家族の新たなあり方について考えるキッカケをあたえてくれたと考えるのです。

そういった家族の手助けとなるものに、「家族療法」があります。家族療法は、治療者が家族全員と面談して、家族の問題の解決を目指す心理療法です。家族の歴史、家族の結びつき、家族の問題などについて、治療者と家族全員が話し合います。これにより、家族間の風通しがよくなったり、家族が互いにありのままの姿を認め合えるようになったりすることが期待できます。この療法は「家族のあり方」という観点から、不登校の子どもとその家族を支えてくれるのです。

家族療法をおこなっている相談所やセンターについては、自治体や専門家に問い合わせたり、インターネットなどで探したりしてみてください。

家族療法では、次のようなことについて話し合い、家族ひとりひとりに関する発見と学びを深めていきます。

- **家族の歴史……親それぞれの両親**（子どもの祖父母）と同胞（同おじ・おば）、その子どもたち（同いとこたち）について、親それぞれの出生後から現在に至る歴史、両親の出会いについてなど。
- **家族の結びつき……一緒に過ごす時間、食事のとり方、会話の頻度、コミュニ**

ケーションの内容など。

- **家族の問題**……コミュニケーション不足、夫婦の不仲、兄弟姉妹間の確執、虐待、家庭内暴力など。

## 社会との接点を絶やさない

不登校になった子どもには、ケンカをしたり、いじめられたり、恥ずかしい思いや悔しい経験をしたりすると、自分の気持ちを心の中に閉じ込めてしまうタイプが多いようです。自分の気持ちを心の中に閉じ込めてしまうと、さまざまな感情が葛藤を生み、ストレスを強く感じることになります。そして、自分の殻や家庭に閉じこもって、不登校が続いたり、社会との交流ができなくなったりします。

しかし、人間は社会との交流なしには生きられません。

親子の会話やコミュニケーションを維持できれば、子どもが学校や社会から受けた葛藤やストレスを、親が一緒に受け止めることができるでしょう。過剰な対応はかえって子どもを追いつめることになりますが、子どもの話をしっかり聞いて、理解することで、子どもは救われ、気持ちを整理することができます。

そうやって、子どもが葛藤やストレスへの対処法を少しずつ覚えていくのを待ちましょう。

子どもが、葛藤やストレスに対応できるようになるために、次のようなことを伝えてください。

- あなたには理解者がいる。
- あなたには学校や教室以外にも複数の居場所がある。
- 失敗やつまずきは誰にでもある。
- 人それぞれいろいろな考えがある。
- 人と話すことで見えてくるものがある。

このように家族が子どもを気づかって言葉をかけていけば、子どもの支えになります。このとき、親は次のようなことを心がけましょう。

- 子どもの悩みや苦しみを聞いて共感する。
- 結論を急いでだそうとしない。
- 親が学校にこだわることをやめて、子どもに登校を無理強いせず、焦らない。
- まずは子どもの状態を受け入れ、子どものよい点を積極的にほめる。
- 兄弟姉妹や友だちなど、周囲の子どもと比べない。
- 子どもの生活リズムを一緒に整え、体調も気にかける。
- 子どもに自己決定させる。ただし、親から答えをせまらない。
- 子どもも、自分も、責めない。
- 学校とは連絡を絶やさず、教師と連絡を取り合う。

不登校が長期化すると、家族以外の人が介入することが困難になる場合もあります。そうならないように、家族は外部の人との交流を絶やさないようにする必要があります。なぜならば、家族だけでの問題解決が難しい場合は、子ども本人の心境を察しながら接してくれる「他人」の存在が重要だからです。家族は外部との交流を密にし、子どもの社会参加への関心を育むつもりで辛抱強く接しましょう。

繰り返しになりますが、家族だけで不登校に対応するのは限界があります。親が率先して社会に心を開くことが、子どもと社会とをつなぐ最初の一歩となるのです。焦らず、あわてず、いつもの生活を続けましょう。家族は子どもをサポートし、社会とのつながりを回復していけるように、まわりとの連携体制をつくりましょう。

# 第6章

# 学校や社会とのつながりと適切な支援

本章では、「不登校になった子どもの学校生活や社会生活への参加に向けて、受けられる支援」について解説します。

ここまで、子どもが社会生活へ参加することの重要性や、社会生活へ参加する方法は多様化していることを述べてきました。しかし、家族だけで子どもの不登校に向き合い、子どもが社会生活へ参加できるように関わっていくのは、とても難しいことです。ですから、不登校の子ども本人と家族を支援する専門機関について知っておくことはとても大切です。専門機関の種類とそこで受けられる支援、支援を受けるための準備などについて説明します。

また、不登校中の学校との関わり方についても考えておきたいところです。学校とはどのように関われば良いのか、何を求められるか、家庭訪問についての考え方などについて見ていきましょう。

最後に、多様化する学びの場について、そして長期化した不登校の支援とその注意点についても解説します。

まずは、親が支援者と出会う勇気を持ちましょう。不安な思い、理解できないという思いを、話さないまま心の中に閉じ込めてしまっては、何もはじまりませんし、そ

れはとてもつらいことです。支援者とともに子どものありのままの現実を受け入れようと努めることから、家族の新たな世界が動きはじめるのです。

## 不登校に適切な支援が必要なわけ

不登校が長期化すると、年齢に添った社会生活ができなくなります。社会生活から遠ざかれば遠ざかるほど、社会生活の再開はどんどん難しくなっていきます。家族も、見通しがつかないことに強い不安を感じるようになるでしょう。

不登校の状態にあると、子どもは自己愛とプライドを高めることで、自分の心を守ろうとします。

思春期は本来、自己愛とプライドの高い年頃です。思春期の子どもが不登校となり、挫折感や罪悪感が強まると、それらのストレスをあたえてくる現場から離れて家にひきこもり、自己愛とプライドを高めることで、それ以上傷つくことから自分を守ろうとします。そのため幼児返りが起こり、不潔恐怖などのさまざまな心の病気の症状があらわれることもあります。

また、不登校の子どもが幼いと、親（主に母親）の過干渉、過保護をともなう関係が形成されやすいと考えられます。

その場合、家族が子どもを社会に送りだすことが難しくなります。本来、家族には子どもと社会の橋渡しをするという役割があります。しかし、家族関係、家庭生活などをめぐって家族の機能不全が進むと、不登校がさらに長期化する、という悪循環を引き起こすこともあるのです。

ですから、不登校の子どもとその家族には、精神保健面、福祉面、医療面などの適切な支援が必要になるのです。

## 不登校の段階に応じた支援

支援の流れをおおまかに説明すると次のとおりです。

①開始、評価段階……子どもへの個人療法、家族への支援

親が支援を求めて、支援がはじまる段階です。子どもの不登校の状態を観察して、どういった支援をするのか、病気があればそれは何か、そしてその病気の治療法をどうするかなどを見立てます。家族が学校や専門機関に相談にいったり、親が声をかけて、子ども本人が相談や受診に同意してくれるなら、個人療法を受けたりすることもできます。

②個人的支援段階……子どもへの個人療法や支援、家族への支援

不登校になった子どもとその家族への支援が中心になる段階です。不登校の様子を見ながら、①でおこなった支援や病気の治療によって改善が見られれば、それを継続します。この段階になると、不登校の子どもの相談や治療が中心となり、①でおこなっていた家族への支援が忘れられがちですが、子どもの変化についていけるように家族への支援も継続することが大切です。

③中間的、過渡的集団との再会段階……集団療法、居場所の提供、個人療法

登校や社会生活への参加にむけた過渡的な居場所に子ども自身が関心を示し、そこに実際に参加し、やがてのびのびと活動できるようになる段階です。この居場所となるのは、学校の保健室であったり、教育委員会が設置した適応指導教室、学校外のフリースクールなどであったりと、多様な場がその機能を果たします。居場所の利用がはじまったとしても、けして④への移行を急いではいけません。そのためにも、家族への支援も継続しておこなっていくことが大切です。

④社会参加の試行段階……集団療法、居場所の提供

子どもは、過渡的な居場所でのびのびと活動できるようになると、不登校になった自分の学校について、冷静に振り返ることができるようになります。そして、中には「自分が通っていた学校へ復帰しよう」と考える子どもも出てきます。そのときには、いきなり学校の教室にいくのではなく、別室で授業を受けたり、保健室で休んだりして、学校に徐々に慣れていくように焦らずに支援します。教師は学校での様子を、家族は家での様子を、それぞれが報告し合いながら対応を協議していきます。必要に応

じて、子どもへの個人療法も、家族への支援も継続します。

①～④の支援段階を説明しましたが、ひとつ心得ておいて欲しいことは、「突然、前の段階に戻ってしまうことがある」ということです。子どもが不登校を乗り越えるのは、前進と後退の繰り返しです。前進する状態になることもあれば、以前の状態に戻ってしまうこともあります。以前の状態に戻ってしまったときは、親が必要以上に落ち込んだり、悲しんだりせずに、前の段階の支援に戻して、子どもの様子を静かに見守りましょう。

親には「逆戻りするのはあたりまえ。戻ったらそこからまたはじめればよい」と泰《たい》然《ぜん》と受け止めてほしいのです。

## 義務教育が終わると支援が途切れやすい

不登校は、学校現場と家庭とが中心になって子どもを支援し、さまざまなアプローチをしながら子どもの立ち直りを待つことが肝心です。

そうはいっても、小学校、中学校、高等学校と、学年のちがい、学校のやり方によって支援態勢はさまざまです。実際、学校や教師によって、また、公立か私立かによって支援態勢がちがうという温度差があるのも現実です。

特に注意したいのは、義務教育が終わるときです。不登校の子どもの支援は、義務教育終了前後に支援の裂け目が生じやすく、そこに落ち込むと、次の支援開始までに何年も時間がかかってしまうことにもなりかねません。

子どもは義務教育が終わる年齢まで、社会に守られて育ちます。それ以降の不登校の支援がまったくなくなってしまっては、進路も決まらずに困惑してしまうでしょう。

そうした事態を少しでもなくすためには、義務教育の間の支援と青年期以降の支援のすき間を埋めるコーディネーターやカウンセラーの機能を確立することが急務ですし、親も積極的に専門機関を利用して情報収集したり、専門家に相談したりするようにしましょう。なお、現在は地域のひきこもり支援機関が相談の窓口を持っていますので、困ったら家族が連絡をとってみましょう。

最終的な目標は、子どもが周囲の人間とほどほどの人間関係を構築できるようになること、そして、その子なりの社会生活を築いていけることです。そのためには、適切な医療機関を受診し、専門機関で相談し、長期にわたって子どもをサポートしていく態勢をつくることが必要です。

子どもに直接支援をおこなうことができる機関はさまざまです。ひとつの機関だけでその子に適した支援ができないことも多いことから、専門家と話し合い、合理的にいろいろな機関の支援を組み合わせるのが望ましいでしょう。

不登校を地域で連携して支援する専門機関は、具体的には次のようなものがあります。

- **教育機関**……教育センター、教育相談所、学校など。これらは主に義務教育の間の支援を担当します。
- **保健機関**……保健所、精神保健福祉センター、ひきこもり地域支援センター、市区町村の担当部門など。これらは、高校生年代以降にひきこもり状態が長期化した場合や、精神疾患が疑われるのに本人が受診に同意しない場合の相談窓口です。
- **福祉機関**……児童相談所（児童虐待が疑われる場合など）、発達障害者支援センター（発達障害者としての支援が必要な場合）、福祉事務所（家庭の貧困への支援などが必要な場合）など。

- **医療機関**……精神科、心療内科、児童精神科、小児科など。心の病気や身体症状について診察し、必要であれば治療をおこないます。精神科、心療内科は大人が中心なのに対して、児童精神科、小児科は子どもを中心に診療します。
- **特定非営利組織**……フリースクールなどのＮＰＯ団体、高校生年代以降のひきこもり支援を目的としたＮＰＯ団体など。
- **就労支援機関**……就労支援センター、ハローワークなど。これらは、高校生年代以降のひきこもり当事者の就労希望に可能な範囲で支援します。
- **民間団体**……当事者グループ、不登校の親の会、ひきこもり家族会など。

本人に合った支援をおこなっている専門機関を探すには、いろいろな方法があります。保健所、精神保健センター、教育センター、教育相談所などに相談して、必要であれば医療機関を紹介してもらう。役所の担当窓口に相談して支援をおこなっている専門機関を紹介してもらう。医師から精神保健福祉センターや発達障害者支援センターなどの専門機関を紹介してもらう。自分でインターネットや本などで調べて適した専門機関を探すといった方法があります。

支援をおこなっている各専門機関について、詳しく見ていきましょう。

## 教育機関

### 教育センター、教育相談所、学校など

教育機関の支援は、不登校の子どもと、その家族のカウンセリングや個人心理療法などの個別指導をおこないます。また、学校や担当教師に支援法をアドバイスする役割も持っています。

教育センターや教育相談所は、学校内での対応だけでは解決が難しいときに支援をおこなう機関で、心理士や教員経験者が相談員として在籍しています。

学校では担任教師を中心として、養護教諭、管理職などが、子どもと家族に状況を確認し、支援をします。

公立の学校には、子ども、保護者、教師の相談にのるスクールカウンセラーや、学校と家庭のパイプ役になって不登校の子どもを支えるスクールソーシャルワーカーなどが配属されていて、子どもも親も利用できます。学校の事情や生徒の状況を把握し

ているのに加え、カウンセリングの知識を持っている心理士やソーシャルワーカー（社会福祉事業従事者）が担当するため、相談するだけでも気持ちが楽になることも多いのです。

教育センターや教育相談所の相談員は、心理士や教育者などで構成されていますが、その配置は地域によってさまざまです。相談や指導を希望する場合は、まず電話で問い合わせてみるのがよいでしょう。

## 保健機関

### 保健所、精神保健福祉センター、ひきこもり地域支援センター、市区町村の担当部門など

保健所では、高校生年代以降の不登校、ひきこもりに対して、相談員や保健師が相談を受けます。

精神保健福祉センターは専門性が高く、精神科医、精神保健福祉士、臨床心理技術者、保健師、看護師、作業療法士などが対応します。相談だけではなく、個人精神療法やカウンセリングなど、専門的な治療がおこなわれる場合もあります。

ひきこもり地域支援センターは、都道府県および政令指定都市にひきこもりに特化した専門的な相談窓口として設置されています。相談支援、居場所づくり、ネットワークづくりを支援の核として、さまざまなサポートをおこないます。

## 福祉機関

### 児童相談所、発達障害者支援センター、福祉事務所など

児童相談所は0〜18歳未満の子どもを対象とし、子どもや子育てに関するあらゆる相談に応じています。児童虐待や家族機能の問題にも重要な役割をはたし、対応をおこなっています。

発達障害者支援センターは各地に設置され、発達障害を持つ子どもの長期化する不登校やひきこもりに対して支援していきます。

福祉事務所は、不登校の子どものいる家庭の貧困問題への支援などをおこないます。どのような支援が受けられるかは、各機関へ事前に電話確認するのがよいでしょう。

## 医療機関

**精神科、心療内科、児童精神科、小児科など**

医療機関では、心の病気や発達障害、そのほかの病気の診断と治療に取り組みます。さらに、子どもの心理状態を理解した上で、必要なサポートについてのアドバイスなどをしてくれるでしょう。

各医療機関は専門性の高い領域と、そうでない領域があるのが普通です。ですから、不登校やひきこもりに積極的に取り組んでいる病院やクリニックを選ぶのがよいでしょう。保健所や精神保健センターなどで、市区町村内の病院の情報を教えてくれます。

## 特定非営利組織

**フリースクールなどのＮＰＯ団体、高校生年代以降のひきこもり支援を目的としたＮＰＯ団体など**

不登校の子どもやひきこもりの青年を支援するＮＰＯ団体は多く、居場所の提供、学習支援、就労の支援などをおこなっています。また、家族支援に取り組んでいるＮＰＯ団体もたくさんあります。

地域の公的機関や医療機関などから、必要に応じてＮＰＯ団体を紹介してもらうといいでしょう。

## 就労支援機関

### 就労支援センター、ハローワークなど

代表的な機関はハローワークですが、地域の学生職業総合支援センターやジョブカフェなどで、就労に関する支援をしています。

就労について相談するのは、進学の予定がなく、就労が具体的な目標になった段階で支援機関にいきましょう。

## 民間団体

### 当事者グループ、不登校の親の会、ひきこもり家族会など

民間団体には、当事者グループ、不登校の親の会、ひきこもり家族会などさまざまな形態があります。数多いグループの中から、自分たちに合ったところを探す必要があります。

活動内容や費用はさまざまですから、インターネットやSNSで探したり専門家に紹介してもらったりして、個別に連絡して問い合わせるようにしましょう。

## 不登校の子に学校からしてもらえること

不登校が長期化している場合、学校の担任教師に家庭訪問してもらうと、不登校を乗り越えるのに役立つこともあります。

不登校の子どもの家族は、家庭訪問に過度な期待をしないで担任教師に依頼しましょう。

学校にはたくさんの教師がいるわけですが、個々の教師で不登校への対応スキルはさまざまです。不登校にうまく対応できる教師が担任であればいいのですが、不登校への対応が苦手な教師が担任の場合もあります。そして、たとえ誠実で子どもの心に寄り添おうとする担任教師だからといって、子どもが必ず心を開くわけではありません。

また、教師ごとに人柄や考え方もそれぞれです。教師によっては子どもの心に鈍感であったり、言動が乱暴であったりして、それが、その子にとって不登校の原因のひとつになっている可能性もあります。そういった教師が家庭訪問をした場合、かえって逆効果に終わることもあります。

ですから、学校の担任教師の家庭訪問は「学校と子どもの心をつなげるパイプ」程度に考えるようにしましょう。

# 担任教師に家庭訪問をしてもらうときの注意点

不登校中の子どもは、学校に対して過敏になっていて、学校を拒絶したり、友人をこばんだりします。しかし、内心は「自分だけ取り残された」と感じ、激しい劣等感や挫折感、あるいは罪悪感を抱いています。さらに、こんな状況に自分を追い込んだ全てに対して怒りを感じているのです。

そのため、不登校の子どもは救いを強く求めながら、同時に、学校にも、友人にも、そして親に対しても、怒りを感じ、身動きがとれなくなっています。ですから、親や担任教師が焦って登校を迫っても、効果がないばかりか、むしろ怒りや不信感、そしてミゾが深まることになりかねません。動きはじめるのは本人の決定に委ねられていることを、はっきりと伝えましょう。

子どもには担任教師が家庭訪問することをきちんと予告し、担任教師には子どもと会えない可能性があることを前提に家庭訪問をしてもらいましょう。そして、子どもと担任教師を無理に顔合わせさせようとせず、子どもと担任教師が話せなかったら、親が担任教師と話をするようにしましょう。

## 家庭訪問は学校と子どもの大切なパイプ

不登校の子どもと学校の接点を保つために、担任教師の家庭訪問は有効な場合もあります。子どもが担任教師と会おうとしなくても、担任教師にドア越しにあいさつの声をかけてもらい、後は親と担任教師とで話をして帰ってもらいましょう。そして、担任教師が帰った後で、担任教師と話した内容を子どもに伝えてあげましょう。これを繰り返し、無理に子どもと担任教師を会わせよう、強引に子どもと担任教師を話させよう、ということはけっしてしてはいけません。

家庭訪問は、子どもと担任教師との信頼関係を再建する大切なかかわりです。子どもと担任教師との信頼関係があれば、いずれ状況の改善につながる可能性があります。また、家庭訪問によって子どもに、自分と学校のきずなが今もつながっていることを感じてもらうこともできます。それは、たとえ担任教師と直接話をしなくても、子どもには感じてもらえるものなのです。

家族は担任教師と適切に連絡をとり、タイミングを見て家庭訪問してもらいましょう。そして、家族と担任教師とでよく話し合い、子どもを焦らせないようにサポートする協力態勢をつくりましょう。担任教師だけでなく、養護教員、管理職などにも協力してもらい、子どもの悩みについて一緒に考えていきましょう。

ただし、家庭訪問が子どもを追いつめる結果とならないよう、そして家庭訪問が自分たち家族に大きな負担とならないように、充分気をつけるようにしてください。

担任教師には、子どもと会ったときに登校を求めたり、クラスメイトが待っていることを強調したりすることのないように、事前に伝えておきましょう。

もし、子どもが担任教師と会えたなら、担任教師には子どもの話をしっかりと聞いてもらうことが大切です。もし、会話がはずまなければ、子どもの好きなマンガ、ゲーム、SNSや人気動画などの話をしてもらうのもよいでしょう。一緒にゲームをしながら話してもらうのも一案です。

勉強の遅れ、対人関係の複雑さなど、子どもごとにさまざまな問題があると思いますが、子ども、家族、担任教師が一緒になって考えることができることを、そして道は開かれていることを、しっかりと伝えてもらいましょう。

担任教師や家族は、子どもをサポートしながら目標を立て、少しずつ山を登るような気持ちで対応していきましょう。もし、学校の卒業や進学の時期が近づいているのなら、担任教師と家族で話し合った後で、いろいろな可能性があると子どもに伝えましょう。

- 家族は担任教師との連絡を密にして、タイミングを見て家庭訪問してもらうが、けして急ぎすぎないことが大切。
- 家庭訪問が子どもを追いつめていないかチェックする。
- 担任教師にお願いして、学校の養護教員、管理職などと協力してもらう。
- なんでもかんでも担任教師に任せない。

## 子どもの居場所を複数確保しておく

子どもが学校や学習、進路のことを気にしはじめたら、まずはそれが本気の言葉なのかを確かめましょう。本気の言葉であると手応えを感じることができたら、子どもに学校の内外に居場所があることを伝えましょう。そして、必要であれば家と学校の中間段階の居場所として、適応指導教室やフリースクールなどを利用できることを教えてあげましょう。本人が本当に選べたのであれば、人間は自分の居場所ができると精神的に安定します。

居場所ができて落ち着くと、自信がついたり、周囲の人を信頼できたり、外出する勇気がでたりします。心身ともに落ち着くと、身体症状がなくなり、少しずつ登校する気も起きてくるでしょう。

自分の意志で子どもが心の落ち着く場所を、自宅から自宅の外へと拡大し、フリースクールなどの居場所へ足を運べるようになると、新しい世界が開けてきます。新しい居場所では、子ども同士の人間関係や参加する活動に失敗し、なん度も傷ついたり、心が揺れたりする体験をします。それを、居場所の大人や親に受け止められ、支えられることで、子どもは本当に社会で生活していく力を回復させていきます。

子どもが不登校を乗り越えるための支援をするために、各市区町村には、学習面、集団行動などを在籍校から離れた教室で支援する適応指導教室が設置されています。

School
Health
Room
Free School

ここでは、不登校の子どもを受け入れて、子どもの状態に合わせて学びの機会や居場所を提供しています。さらに、子どもの心理面のケアをするスタッフがいる所もあります。公的機関が設置しているもの、保護者が任意で開設しているもの、事業として運営しているものなどがあります。

ＳＮＳなども現代の子どもにとっては居場所になります。メールのやりとりやインターネットで子どもの気持ちが楽になるなら、他人との関係を築く場所として活用してもいいでしょう。ただし、現在では大人よりも子どものほうがスマホなどを使いこなしていて、ときにゲームやＳＮＳへの没頭が生じて、親を悩ませることもあります。子どもの様子を見ながら、スマホやパソコンを利用させましょう。

もし学校へ顔をだせるようになっても、いきなり教室で授業を受けさせるのではなく、まずは保健室や適応指導教室などを居場所として、子どもの様子を見ながら教室へいかせるタイミングを担任教師と話し合いましょう。どのような支援を受けている子どもにも、学校は「いつでも戻れる場所だから安心して」という感覚で、子どもを支援し続けることが大切です。そのとき忘れてならないのは、けっして子どもを急かさないことです。あくまでステップをあがっていくのは、子どもの意志であり、子どもの主体性であることを忘れないようにしましょう。

## 「学びの多様化学校」とは

　不登校の子どもの学びの場として注目されているのが「学びの多様化学校（不登校特例校）」です。

　学びの多様化学校は、不登校の子どもの実態に配慮した特別な教育をおこなう学校です。「子どもが学びたいと思ったときに多様な学びに出合える学校」「個々の子どものニーズに応じられる学校」であることが求められることから、学校ごとにさまざまな特色があります。そして、多くの学校が転入生を受け入れています。

　学びの多様化学校は、学校教育法施行規則に基づいて設置されているので、一般の学校と同じ卒業資格を得ることができます。

　２０２４年1月の時点で全国には、小学校3校、中学校16校、小中一貫校2校、高等学校11校、計32校があります。数はまだ少ないですが、文部科学省の計画では２０２７年までに全都道府県への設置を目指し、将来的には全国３００校の設置を

目指しています。

学費は、公立校は無料で、私立校は有料です。私立校の学費やその他の費用については学校によってちがいますので、知りたい場合は各学校に問い合わせてください。文部科学省のホームページでは、全国の学びの多様化学校の情報を公開しています。※

## 専門家による訪問支援

不登校の子どもの生活は閉塞的で、一見、時間が止まったように見えます。しかし、子どもの心の時間はけっして止まってはいません。子どもがいつか学校や社会と接触を持ちたいという意志を示しはじめたら、社会への一歩を踏みだせるように、家族は支援のための心の準備はしておきましょう。

教育機関やひきこもり支援機関などの専門家が、不登校、ひきこもり状態の子どもの訪問支援をおこなっています。訪問支援が必要になるタイミングは次のとおりです。

①子どもの心身の状態が悪く、気持ちが不安定になったとき。

※情報はすべて2024年9月現在のものです。

②自傷行為や自殺願望を持っているとき。
③家庭内暴力が起こっているとき。
④心の病気や発達障害だと感じられるとき。
⑤家族が重大な健康問題を抱えているとき。
⑥家族が機能不全を起こしていて、支援者（専門家）による状況確認や支援方針を見定める必要性が高いとき。
⑦支援者（専門家）が訪問することを、子ども本人が希望するとき。

## 訪問支援の準備と注意点

訪問支援を受けるときは、訪問の効果を高めるためにも、訪問による弊害を生じさせないためにも、事前に十分な準備が必要です。

訪問支援は人的にも、時間的にも、コストを必要とするので有効に利用しましょう。

そして、効果を期待しすぎないこと、子どもに迫りすぎないこと、訪問する支援者の安全を確保することも重要なポイントです。

訪問支援を受ける準備とプロセスについては、次のとおりです。

1　支援者との情報の共有とそれを通じた関係づくりをおこなう

- 子どもの成育歴、相談歴、治療歴や経過などを支援者に伝える。
- 子どもに発達障害が疑われる場合は、発達的な問題や成長過程などの特徴を支援者に伝える。
- 家族、支援者、学校関係者などとの関係を築いておく。
- 子どもの生活の様子、言動の特徴、趣味や特技などの情報を支援者と共有しておく。

2　訪問の達成目標を明確に設定する

- 達成目標について子ども自身が設定するのは難しいので、親と支援者の間で達成目標について話す。
- 親は支援者が目指す長期的な目標と、短期的な目標を共有しておく。
- 親と支援者とで訪問ごとの大まかな達成目標を設定する。

- 訪問後に親は支援者とともに目標達成の成果を検討する。
- 達成目標に縛られすぎず、余裕を持ってことにあたることを親と支援者の間で確認しておくことが重要。

3　支援者の訪問前にしておくこと

- 訪問の日時、場所、話題などを親と支援者とで検討し、親は訪問の日時を事前に子どもに伝える。
- 子どもが自室からでてこないときは、ドア越しに子どもと支援者が話すことも検討する。その場合は、あくまで短時間での話にして、子どもを追いつめないようにすることを支援者と確認する。
- 子どもが中学生以上の場合、親は支援者と訪問時に家庭内暴力が発生したときの対応について、前もって話し合っておく。支援者の前で家族に激しい暴力をふるう、支援者へ暴力をふるう、といったことが起こったら、支援者がすぐに警察の介入を要請するように打ち合わせておく。

4　支援者の訪問とその後の関係機関との情報交換

- 子どもが支援者の訪問を拒否しているときは、家族が支援者の訪問を受ける。
- 子どもの自傷行為や家庭内暴力が激しいときなどは、親は支援者と話し合い、必要であれば入院などの対応を検討する。
- 訪問後、親は支援者と訪問の内容や経過について話し合い、必要であれば今後の対応について、支援者に関係する専門機関と協議してもらう。

## いろいろな機関とさまざまな人たちとの連携

ひとつの専門機関だけでは、不登校に対するいろいろな方向からの支援ができません。ですから、子どもの登校や社会復帰、家族の立ち直りを目指した総合的な支援を受けられるよう、いろいろな専門機関とさまざまな人たちに協力を求めることが必要です。

それぞれの役割を考えてみましょう。

- 家族……不登校の子どもと学校とのつながりがなくならないよう、担任教師と連絡をとり合う。医師、カウンセラーなどの専門家に相談する。
- 学校……担任教師、養護教員、管理職などが協力して、子どもの悩みについて一緒に考え、最善の対応を検討していく。
- 担任教師……不登校の子どもに直接対応する、学校での中心的存在。家族と連絡をとり合うことが大切。
- 専門家……不登校の子どもやその家族からの相談を受け、よりよい状況になるよう、専門的な観点から問題の解決に取り組む。

なお、不登校を乗り越えたあと、ふたたび学校にいけなくなってしまうケースも珍しくはありません。不登校は二度目のほうが本人も親もこたえるものです。それは、支援や治療によって乗り越えたのに、また不登校になると、本人と親の挫折感が大きくなるからです。デイケアや自助グループを利用した場合も、一度でていったのに、またそこに戻るのは子どもも気まずい思いがあります。そのため、デイケアや自助グループを利用した回復支援が再開できないことがあるのです。

大切なのは、二度目の不登校だからといってふさぎこまずに取り組むことです。一度成功したのですから、二度目もだいじょうぶです。筆者はこれまでの経験から「二度目の不登校を乗り越えたことで、本当の不登校の克服に成功した」といえると確信しています。

## 不登校が長期化した「ひきこもり」とは

不登校になった子どものうち、7割は将来普通の社会生活を送れるようになり、2割は不安定ながら社会に出ることができるようになります。

一方で、不登校が長期間続いたり、いったんは学校へ戻り進学した子どもが後に再び不登校になったりして、ヤングアダルト以降の「ひきこもり」に移行する一群も、1割ほど存在します。

ひきこもりは、自宅にひきこもって社会参加をしない状態が6カ月以上続く状態です。中には、ひとりでなら買い物や映画鑑賞などにでかけられるひきこもりの人もいますが、広い意味ではこれも社会的ひきこもり状態だといえるでしょう。逆に、家族以外の人と親密な対人関係があるならば、社会参加していると考えられるので、たとえ就業や就学をしていなくてもひきこもりにはあたりませんが、その場合には「ニート」と呼ばれることが多いです。なお、ニートとは「就業、就学、職業訓練のいずれもしていない人」という意味の英語の造語です。

日本では、文部科学省と厚生労働省のホームページにニートの定義が記載されています。それらを要約すると「高校や大学に通学しておらず、独身であり、ふだん収入になる仕事をしていない若者」といったものです。職についていなくても、就職を希望している人、求職活動をしている人は、ニートから除くとしています。

ひきこもりは社会生活の再開が困難になって、支援を必要とする状態ですので、ニートとはニュアンスが異なると考えられますが、両者の違いは微妙で、はっきりと区別することはできません。ですから、両者を区別するよりも、今、支援が必要かどうかに注目するべきです。そして、支援が必要な人が、自分から支援を求めてくるわけではないことを心得ておきましょう。

## 支援を必要とする「ひきこもり」

ひきこもりの多くは、家族以外の人とは交流することを避けている状態にあります。SNSやテレビなどを見ていても、外出をしないまま何年も自室にこもり、不規則な生活で昼夜が逆転してしまう人も少なくありません。

社会生活の再開がいちじるしく難しくなってしまうと、本人はもとより家族も大きな不安、葛藤を抱えることになります。

ひきこもりの長期化にともない、さまざまな心の病気の症状がでてくることもあります。強すぎる不安、気分の落ちこみ、家庭内暴力、不潔恐怖や手洗い強迫などの強迫症といったものが見られるとき、あるいは対話しているような独り言をしばしば口にしているときなど、なんらかの心の病気の症状を持つ場合も少なくありません。ですからひきこもりの人やその家族は、精神保健、医療、福祉などの支援の必要性も検討しなければなりません。心の病気と、その一部である発達障害や知的障害などが診断されると、就労移行支援が利用できます。

ひきこもりの若者の就労移行支援をおこなっているのはハローワーク、地域のジョブカフェ、職業訓練校などです。就労移行支援を利用する場合は、メンタルヘルス、福祉、医療などの相談機関や治療機関と連携しながら支援を進めることが大切になってきます。

**公的なひきこもり支援**

- **文部科学省**……初等中等教育局児童生徒課生徒指導室など。
- **厚生労働省**……ひきこもり支援推進事業など。
- **都道府県および政令指定都市**……ひきこもり地域支援センター、ひきこもり支援ステーション、ひきこもりサポート事業など。
- **自治体**……教育支援センター（適応指導教室）など。

## 参考文献


### 書籍

『ひきこもり・不登校から抜けだす!』齊藤万比古・日東書院本社

『知ってほしい　乳幼児から大人までのADHD・ASD・LD　ライフサイクルに沿った　発達障害支援ガイドブック』齊藤万比古、小枝達也他・診断と治療社

『増補　不登校の児童・思春期精神医学』齊藤万比古・金剛出版

『不登校対応ガイドブック』齊藤万比古・中山書店

『子どもの心の診療シリーズ　子どもの心の処方箋ガイド』齊藤万比古・中山書店

### レポート

『不登校の病院内学級中学校卒業後10年間の追跡研究』齊藤万比古

### WEB

厚生労働省『ひきこもりの評価・支援に関するガイドライン』

https://www.mhlw.go.jp/content/12000000/000807675.pdf

文部科学省『誰一人取り残されない学びの保障に向けた不登校対策「COCOLOプラン」(概要)』

https://www.mext.go.jp/content/20230418-mxt_jidou02-000028870-bb.pdf

文部科学省『誰一人取り残されない学びの保障に向けた不登校対策「COCOLOプラン」』

https://www.mext.go.jp/content/20230418-mxt_jidou02-000028870-cc.pdf

文部科学省『児童生徒の問題行動・不登校等生徒指導上の諸課題に関する調査-用語の解説』

https://www.mext.go.jp/b_menu/toukei/chousa01/shidou/yougo/1267642.htm

文部科学省『令和4年度　児童生徒の問題行動・不登校等生徒指導上の諸課題に関する調査結果の概要』

https://www.mext.go.jp/content/20231004-mxt_jidou01-100002753_2.pdf

ニュースク『【2024年最新版】2023年度　都道府県別「不登校生徒」と年度別不登校人数の推移』

https://new-schoooool.jp/column/truancy/901/

NHK『学びの多様化学校とは?』

https://www.nhk.or.jp/minplus/0028/topic052.html

# おわりに

ここまで不登校の子どもの特徴、その心や体の状態、そして支援法についてのさまざまな見方をお伝えしてきました。

当事者のみなさん、家族のみなさん、ご自分やご自分の子どもについて、少し見えてきたものがありますでしょうか。当事者のみなさんに適切な支援が届くように、ここでは多くの情報を、可能なかぎりかみくだいた表現で示してきたつもりです。

不登校のはじまり、不登校中の子どもの状態、家族にできること、心の病気である場合には適切な治療、不登校から抜け出すための支援、社会復帰への道筋という全体像を知っていただくことで、この本を手に取られた読者のみなさんが、書かれている内容から不登校についてのより詳しい情報を探そうとしてくださるなら、それは本書の目的のひとつであるといえるでしょう。

親または家族のみなさんは、この本が示した情報とわが子との対比をおこないながら、少しずつわが子の特徴を肉付けするという手順を繰り返し、わが子の現状をできるだけ具体的に描きだしましょう。その際はぜひ、おひとりではなく、ご夫婦や相談できる専門家とともに、ディスカッションしながら取り組むほうがよいと思います。きっと、おひとりでグルグルと考えこむよりは、ずっと建設的なよいアイディアを得ることができると思います。

こうして子どもの全体像を描きだす努力は、子どもがけっして安易に学校にいかなくなったのではないことや、子どもが親の目を想像以上に気にしていたことに気づかせてくれるでしょう。そんな子どもをありのままに受け入れるという親や家族の努力は、家族全体によい意味での変化をもたらしてくれるはずです。

不登校になった子どもを理解し、心から受け止めることで、家族関係がよい変化を示しはじめたと感じるようになったら、どうか子どもに次のようなメッセージを伝えてください。

「支援者と出会う勇気を持とう。あなたの心の中にある思いを実際に誰かに話すことは、解決への第一歩です。話さないまま心の中に閉じ込めてしまえば、それはいつまでも悩みと苦痛であり続けるだろう」

ただし、このように語りかけたからといって、子どもからすぐに答えが返ってくるとは思わないでください。子どもは心の中で、親から語られた言葉を受け止め、その言葉について何度も考え、自分と対話し続けているのです。ですから親は自分が子どもに語りかける言葉について、「今、自分が語ろうとしている言葉は、自分の不安や焦りから語ろうとしているだけではないか」「この言葉を語るのに、今が真に絶好のタイミングだと感じているのか」――そういったことを考えながら語る必要があります。そして、「子どもが自分から答えを語りはじめるまで待つ」と腹を決めなければならないのです。そういったことを親がおこなえるようになるために、親にも信頼できる支援者が必要なのです。

「親に許されている」と知ると、子どもに少しずつ余裕が回復してくるでしょうし、それに応じて家族そのものも以前より柔軟でしなやかな機能を獲得していくことでしょう。気持ちを理解し合い、少々のことでは動じない家族となるのです。

その結果、親は学校にいけない子どもに、「人はどこからでもまた社会に加わることができる。社会に加わるということは一様のものではない。もし仮に働けなかったとしても、社会とつながった生き方をすることは、豊かな生き方といえるし、社会はそんな生き方を支援してくれている」と本気で語りかけることができる大人になれるのではないでしょうか。

親が勇気を出して、まず変化への第一歩を記しましょう。

2025年3月　齊藤万比古